Com exercícios para prática e fixação

LUIZ H. ROSE

1001 PALAVRAS
QUE VOCÊ PRECISA SABER EM INGLÊS

Com exercícios para prática e fixação

5ª reimpressão

© 2006 Luiz H. Rose

Coordenação editorial
Paulo Nascimento Verano

Preparação
Mário Vilela

Capa, projeto gráfico, editoração eletrônica e edição de ilustrações
Patricia Tagnin e Heraldo Galan

Ilustrações usadas sob licença.
Copyright © 2006 do detentor dos direitos autorais. Todos os direitos reservados.

Dados Internacionais de Catalogação na Publicação (CIP)
(Câmara Brasileira do Livro, SP, Brasil)

Rose, Luiz H.
  1001 palavras que você precisa saber em inglês : com exercícios para prática e fixação / Luiz H. Rose. – São Paulo : Disal, 2006.

Bibliografia.
ISBN 978-85-89533-43-0

1. Inglês – Atividades, exercícios etc.
2. Inglês – Estudo e estudo I. Título.

05-8889   CDD-420.7

Índices para catálogo sistemático:

1. Inglês : Estudo e ensino 420.7

Todos os direitos reservados em nome de:
Bantim, Canato e Guazzelli Editora Ltda.
Al. Mamoré, 911 – Sala 107, Alphaville
06454-040, Barueri, SP
Tel./Fax: (11) 4195-2811

Visite nosso site: www.disaleditora.com.br

Vendas:
Televendas: (11) 3226-3111
Fax gratuito: 0800 7707 105/106
E-mail para pedidos: comercialdisal@disal.com.br

Nenhuma parte desta publicação pode ser reproduzida, arquivada nem transmitida de nenhuma forma ou meio sem permissão expressa da Editora.

SUMÁRIO

INTRODUÇÃO _____ 09

LIÇÃO 01 _____ 11

Informações pessoais
Personal information

LIÇÃO 2 _____ 13

Família, amigos, parentes, pessoas etc.
Family, friends, relatives, people, etc.

LIÇÃO 3 _____ 15

Verbos 1
Verbs 1

LIÇÃO 4 _____ 17

Na casa
In the house

LIÇÃO 5 _____ 19

Adjetivos 1
Adjectives 1

LIÇÃO 6 _____ 21

No aeroporto
At the airport

LIÇÃO 7 _____ 23

Esportes e passatempos
Sports and pastimes

LIÇÃO 8 _____ 25

Animais selvagens, domésticos etc.
Wild animals, pets, etc.

LIÇÃO 9 _____ 27

Na cidade
In the town

LIÇÃO 10 _____ 29

Números
Numbers

LIÇÃO 11 _____ 31

Comida e bebida 1
Food and drink 1

LIÇÃO 12 _____ 33

Restaurantes, bares, cafés etc.
Restaurant, bars, cafés, etc.

LIÇÃO 13 _____ 35

Adjetivos 2
Adjectives 2

LIÇÃO 14 _____ 37

Partes do corpo
Parts of the body

LIÇÃO 15 _____ 39

Verbos 2
Verbs 2

LIÇÃO 16 _____ 41

Dias da semana, ano, hora etc.
Days of the week, year, time, etc.

LIÇÃO 17 _____ 45

Meses e estações do ano
Months and seasons of the year

LIÇÃO 18 _____ **47**

O clima
The weather

LIÇÃO 19 _____ **49**

Advérbios, preposições etc. 1
Adverbs, prepositions, etc. 1

LIÇÃO 20 _____ **51**

Lojas
Stores

LIÇÃO 21 _____ **53**

Roupas e acessórios
Clothes and accessories

LIÇÃO 22 _____ **55**

Cores, pesos, medidas, tamanhos e formas
Colors, weights, measures, sizes and shapes

LIÇÃO 23 _____ **57**

Dinheiro e negócios
Money and business

LIÇÃO 24 _____ **59**

Compras e meios de transporte
Shopping and transportation

LIÇÃO 25 _____ **61**

Países, continentes e nacionalidades
Countries, continents and nationalities

LIÇÃO 26 _____ **65**

Trabalho e escritório
Work and office

LIÇÃO 27 _____ **69**

Profissões
Jobs

LIÇÃO 28 _____ **71**

Saúde
Health

LIÇÃO 29 _____ **73**

Filmes, livros, programas de TV, música etc.
Movies, books, TV programs, music, etc.

LIÇÃO 30 _____ **75**

Viagens, lazer etc.
Trips, leisure, etc.

LIÇÃO 31 _____ **77**

Preposições 2
Prepositions 2

LIÇÃO 32 _____ **79**

Computador
Computer

LIÇÃO 33 _____ **81**

No hotel
At the hotel

LIÇÃO 34 _____ **83**

Escola e educação
School and education

LIÇÃO 35 _____ **85**

Festas, celebrações e instrumentos musicais
Parties, celebrations and musical instruments

LIÇÃO 36 _____ **87**

Objetos e materiais
Objects and materials

LIÇÃO 37 _____ **89**

Opiniões
Opinions

LIÇÃO 38 _____ **91**

Miscelânea 1
Miscellaneous 1

LIÇÃO 39 _____ **93**

Comida 2
Food 2

LIÇÃO 40 _____ **95**

Verbos 3
Verbs 3

LIÇÃO 41 _____ **97**

Adjetivos 3
Adjectives 3

LIÇÃO 42 _____ **99**

Advérbios 2
Adverbs 2

LIÇÃO 43 _____ **101**

Corpo e saúde
Body and health

LIÇÃO 44 _____ **103**

Verbos 4
Verbs 4

LIÇÃO 45 _____ **105**

Miscelânea 2
Miscellaneous 2

RESPOSTAS DOS EXERCÍCIOS _____ **107**

GLOSSÁRIO INGLÊS — PORTUGUÊS _____ **114**

GLOSSÁRIO PORTUGUÊS — INGLÊS _____ **123**

INTRODUÇÃO

Todos sabemos da importância da língua inglesa no mundo atual. No Brasil, cada vez mais pessoas buscam aprender inglês ou aprimorar o conhecimento dessa língua.

Para comunicar-se num idioma, é muito importante o conhecimento do vocabulário. De pouco adianta saber as estruturas da língua se não se possui bom vocabulário.

Este livro foi escrito justamente com o intuito de aprimorar o desenvolvimento do vocabulário, e as palavras aqui encontradas foram cuidadosamente selecionadas. Para tanto, utilizaram-se basicamente dois critérios:

1. Importância e relevância. Selecionaram-se as palavras mais pertinentes no dia-a-dia do aluno e nas diversas situações com que pode deparar.
2. Uso. Buscou-se selecionar as palavras mais empregadas pelos falantes nativos do inglês.

O livro não tem a pretensão de ser um dicionário, portanto as definições são resumidas ou simplificadas.

Estudos recentes têm demonstrado que o aprendizado de vocabulário se torna mais fácil quando se utilizam grupos lexicais. Assim, a maioria das palavras foi classificada de acordo com grupos ou tópicos, tais como comidas, partes do corpo etc.

Espero que este livro se mostre útil e divertido.

PARA O ALUNO

Este livro o ajudará a aprender e memorizar novas palavras em inglês. Para que você tenha sucesso em tal tarefa, aconselhamos que siga estes passos:

1. Leia cuidadosamente a primeira parte da lição. Preste atenção à pronúncia, à definição e aos exemplos.
2. Em seguida, tente fazer os exercícios a lápis. Para realmente avaliar seu conhecimento, procure não olhar na página anterior.
3. Verifique suas respostas e faça as eventuais correções no exercício.
4. Verifique quais palavras você errou e leia-as novamente com cuidado.
5. Apague suas respostas. No dia seguinte, tente fazer o exercício de novo. Se ainda tiver dificuldade com alguma palavra, tente elaborar pelo menos duas frases com ela. Procure elaborar frases de cunho pessoal, pois assim a memorização será mais fácil. Por exemplo: digamos que você não se lembre da palavra **gate** (portão). Tente lembrar-se de uma situação em que você precisou dessa palavra ou a viu. Talvez você se recorde de tê-la visto na sinalização do aeroporto; ao ligar a palavra a essa imagem da placa, você certamente não se esquecerá mais dela.
6. Por fim, planeje fazer os testes novamente após um tempo. Um mês é um bom tempo para verificar se você realmente memorizou as palavras.

NOTA SOBRE A PRONÚNCIA

Para indicar a pronúncia, optou-se por utilizar os sons da língua portuguesa (pois muitas pessoas têm dificuldades em reconhecer os símbolos do alfabeto fonético internacional). Essa indicação de pronúncia serve apenas de referência e, em muitos casos, traz uma pronúncia aproximada. Quando a palavra tem mais de uma sílaba, a sílaba tônica está indicada por **negrito**.

Em inglês, o grafema **th** corresponde a dois fonemas interdentais e fricativos: um **voiced** (vocalizado) e o outro **voiceless** (não-vocalizado). Esses dois sons não existem na língua portuguesa. Assim, no caso do **voiced th** (como em **northern**), usou-se o símbolo **dh** para indicar a pronúncia; e, no caso do **voiceless th** (como em **north**), usou-se o símbolo **zh**. O **h** corresponde ao **h** aspirado, como em **hobby**.

No caso do grafema inglês **ch**, indicou-se a pronúncia por **tch** (com exceção de **machine**, em que **ch** se pronuncia como o **ch** português).

LIÇÃO 1

Informações pessoais
Personal information

	pronúncia	definição	exemplo
name	[neim]	nome	*My name is João.* Meu nome é João.
address	[a **dréss**]	endereço	*My address is 95 Baker Street.* Meu endereço é Baker Street, 95.
job	[djób]	emprego, profissão	*He has two jobs.* Ele tem dois empregos.
single	[**sin**gol]	solteiro(a)	*Mary is single.* A Mary é (está) solteira.
married	[**mé**rid]	casado(a)	*I'm not married.* Eu não sou (estou) casado.
divorced	[di**vór**st]	divorciado(a)	*They're divorced.* Eles estão divorciados.
age/years old	[êidj]/ [**i**ers oud]	idade/ anos de idade	*What's his age?* Qual a idade dele? *He's 25 years old.* Ele tem 25 anos de idade.
live	[liv]	morar, viver	*I live in Brazil.* Eu moro no Brasil.
city	[**si** ti]	cidade	*My city is very beautiful.* Minha cidade é muito bonita.
state	[stêit]	estado	*California is a big state.* A Califórnia é um estado grande.
country	[**kan**tri]	país	*Canada is a big country.* O Canadá é um país grande.
(telephone) number	[**nam**ber]	número (de telefone)	*My telephone number is 555-3134.* Meu número de telefone é 555-3134
email	[i **mêil**]	e-mail	*My email address is john@company.com.* *[john at company dot com].* Meu endereço de e-mail é john@company.com.
identification	[aidentifi**kêi**chn]	identificação, identidade	*I don't have any identication with me.* Eu não tenho nenhum documento de identidade comigo.
passport	[**pas**port]	passaporte	*My passport number is CA 876543.* Meu número de passaporte é CA 876543.
sign/signature	[sain]/ [**si**gnatcher]	assinar/ assinatura	*Please sign this paper!* Por favor, assine este documento!
information	[infer **mei**ch'n]	informação	*I need some information.* Eu preciso de informações.

EXERCÍCIO A

Escolha a palavra mais adequada e complete as frases.

1. What's your _name_ ? It's Mary. (address; name)
2. Brazil is a big _____. (country; state)
3. I'm not single. I'm _____. (married; live)
4. What's your _____? It's 555-3257. (address; telephone number)
5. Texas is a big _____ in the U.S. (country; state)
6. He's twenty-five _____. (years old; email)
7. What's your _____? It's jdoyle@specialized.com. (email; job)
8. What's your _____? I'm a doctor. (job; city)

EXERCÍCIO B

Leia as frases e complete as palavras cruzadas.

Horizontal

6. The police officer wants to see my _identification_ .
8. Mark was married but he's not anymore. Now he's _____.

Vertical

1. Peter is not married. He's _____.
2. My _____ is 52 Lincoln Street.
3. Where do you _____? In Rio.
4. You need a _____ to travel to China.
5. Los Angeles is a big _____.
7. Please _____ the contract!

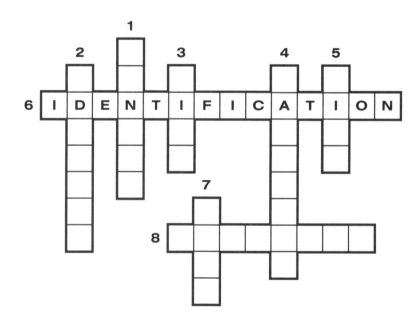

LIÇÃO 2

Família, amigos, parentes, pessoas etc.
Family, friends, relatives, people, etc.

	pronúncia	**definição**	**exemplo**
mother (mom)	[**ma**dher]	mãe	*My mother's name is Janet.* O nome de minha mãe é Janet.
father (dad)	[**fa**dher]	pai	*My father lives in London.* Meu pai mora em Londres.
son	[san]	filho	*Andy is Mary's son.* O Andy é filho da Mary.
daughter	[**dó**ter]	filha	*They have two daughters.* Eles têm duas filhas.
husband	[**hãs**bend]	marido	*Her husband is American.* O marido dela é americano.
wife	[uaif]	esposa	*Where is my wife?* Onde está minha esposa?
child (plural = children)	[tchaild]/ [**tchil**dren]	criança/ crianças	*I have no children.* Eu não tenho filhos.
uncle	[**an**kou]	tio	*My uncle works in Rio.* Meu tio trabalha no Rio.
aunt	[ent, ant]	tia	*My aunt is in Europe now.* Minha tia está na Europa agora.
cousin	[**kã**zan]	primo(a)	*I have five cousins.* Eu tenho cinco primos.
family	[**fé**mili]	família	*My family is very big.* Minha família é muito grande.
grandfather	[gran **fa**dher]	avô	*His grandfather lives in Bahia.* O avô dele mora na Bahia.
grandmother	[gran **ma**dher]	avó	*My grandmother is an excellent cook.* Minha avó é excelente cozinheira.
parent	[**pé**rent]	pai ou mãe (pais)	*My parents are not home now.* Meus pais não estão em casa agora.
kid	[kid]	criança	*They have three kids.* Eles têm três filhos.
baby	[**bêi**bi]	bebê	*Her baby is sleeping.* O bebê dela está dormindo.
brother	[**bró**dher]	irmão	*My brother is married.* Meu irmão é está casado.
sister	[**sis**ter]	irmã	*I have no sisters.* Eu não tenho irmãs.
boy	[bói]	garoto	*The boy is playing video game.* O garoto está jogando videogame.
girl	[gãrl]	garota	*This girl is very intelligent.* Essa garota é muito inteligente.
man	[man]	homem	*There is a man at the door.* Há um homem na porta.
woman	[**uô**men]	mulher	*She's a beautiful woman.* Ela é uma mulher bonita.
boyfriend	[**bói** frend]	namorado	*Her boyfriend is studying.* O namorado dela está estudando.

girlfriend	[gãrl frend]	namorada	*He has no girlfriend.*
			Ele não tem namorada.
relative	[relative]	parente	*I have relatives in Portugal.*
			Eu tenho parentes em Portugal.
friend	[frend]	amigo	*He has some friends in Japan.*
			Ele tem amigos no Japão
person (plural = people)	[person]/[pipol]	pessoa/pessoas	*He's a nice person.*
			Ele é uma pessoa legal.

EXERCÍCIO A

Classifique as palavras como male **(masculina),** female **(feminina) ou** both **(ambos).**

[X] aunt   [X] baby   [X] boy   [ ] boyfriend
[ ] brother   [ ] child/children [ ] cousin   [ ] daughter
[ ] father (dad) [ ] girl   [ ] girlfriend   [ ] grandfather
[ ] grandmother   [ ] husband   [ ] kid   [ ] man
[ ] mother (mom) [ ] parent   [ ] relative   [ ] sister
[ ] son   [ ] uncle   [ ] wife   [ ] woman

male	female	both
boy	*aunt*	*baby*

EXERCÍCIO B

Veja a árvore genealógica ao lado e complete as frases.

1. Rachel is Peter's __*wife*__ .
2. Fred is Peter's and Rachel's _____ .
3. Martha is Fred's _____ .
4. Tina is Julia's and Fred's _____ .
5. Mark is Peter's and Rachel's _____ .
6. Peter is Mark's and Tina's _____ .
7. Mark is Tina's _____ .
8. Fred is Tina's _____ .

14

LIÇÃO 3

Verbos 1
Verbs 1

	pronúncia	**definição**	**exemplo**
buy	[bai]	comprar	*I need to buy sugar.* Eu preciso comprar açúcar.
call (phone)	[kól]	ligar, chamar	*She's going to call me tomorrow.* Ela vai me ligar amanhã.
come	[kam]	vir	*Please come to the party.* Por favor, venha à festa.
do	[du]	fazer	*What is he doing?* O que ele está fazendo?
drink	[drink]	beber	*I don't drink wine.* Eu não bebo vinho.
eat	[it]	comer	*I like to eat fruit.* Eu gosto de comer frutas.
get	[guét]	receber, obter, ganhar, ficar, contrair, apanhar, conseguir, tomar, comer, compreender, entender, possuir	*Did you get my message?* Você recebeu minha mensagem? *Did you get the job?* Você conseguiu o emprego? *I've got a car.* Eu possuo um carro.
go	[gou]	ir	*Where are you going?* Aonde você está indo?
have	[hav, hev]	ter	*They don't have any children.* Eles não têm filhos.
know	[nou]	saber, conhecer	*Do you know his name?* Você sabe o nome dele?
like	[laik]	gostar	*I don't like pizza.* Eu não gosto de pizza.
look	[luk]	olhar	*Please look at me!* Por favor, olhe para mim!
listen	[lis'n]	escutar	*I like to listen to music.* Eu gosto de escutar música.
need	[nid]	precisar	*I need some money.* Eu preciso de dinheiro.
play	[plei]	jogar, brincar, tocar (instrumento)	*Let's play video game!* Vamos jogar videogame!
read	[rid]	ler	*David likes to read books.* O David gosta de ler livros.
take	[teik]	levar, tomar, pegar	*We're taking a bus to the beach.* Nós vamos pegar um ônibus para a praia.
want	[uónt]	querer	*What do you want to eat?* O que você quer comer?
watch	[uótch]	assistir	*He's watching the game on TV.* Ele está assistindo ao jogo na TV.
work	[uãrk]	trabalhar	*Phil works in a big company.* O Phil trabalha numa grande empresa.

EXERCÍCIO A

Complete as frases com os verbos abaixo.

[ ] drinking [ ] eating [ ] playing [X] watching [ ] working
[ ] reading [ ] doing [ ] calling [ ] listening [ ] taking

1. She's __watching__ TV.
2. He's _____ homework.
3. She's _____ a milkshake.
4. She's _____ a taxi.
5. He's _____.
6. She's _____ a book.
7. He's _____ tennis.
8. He's _____ a hamburger.
9. He's _____ music.
10. She's _____ her mother.

EXERCÍCIO B

Escolha o verbo mais adequado e complete as frases.

1. I'm going to the supermarket to __buy__ fruit. (take; buy)
2. He's not _____ home tonight. (coming; watching)
3. I need to _____ to the bank to get some money. (go; work)
4. Do you _____ anybody in New York? (call; know)
5. They _____ three dogs and two cats. (get; have)
6. Mary doesn't _____ sushi, but Andrew does. (drink; like)
7. He's _____ at the documents now. (looking; playing)
8. Jack _____ a car to go to work. (needs; plays)
9. I usually _____ nice presents on my birthday. (call; get)
10. They don't _____ to go to the beach because the weather is bad. (get; want)

LIÇÃO 4

Na casa
In the house

	pronúncia	definição	exemplo
bathroom	[**bazh** rum]	banheiro	*My apartment has two bathrooms.* Meu apartamento tem dois banheiros.
bed	[bed]	cama	*I sleep in a double bed.* Eu durmo em cama de casal.
bedroom	[**bed** rum]	quarto	*My bedroom is blue.* Meu quarto é azul.
chair	[tchér]	cadeira	*There are six chairs around the table.* Há seis cadeiras em volta da mesa.
closet	[**kló**zet]	armário	*I have a small closet in the bedroom.* Eu tenho um armário pequeno no quarto.
dining room	[**dai**ning] [rum]	sala de jantar	*Let's have lunch in the dining room!* Vamos almoçar na sala de jantar!
door	[dór]	porta	*Please close the door!* Por favor, feche a porta!
floor	[flór]	piso, andar	*My building has twelve floors.* Meu prédio tem doze andares.
garage	[gue **raj**, **gué** raj]	garagem	*The cars are in the garage.* Os carros estão na garagem.
garden	[**gar**den]	jardim	*My house has a big garden.* Minha casa tem um jardim grande.
hall	[hóul]	corredor, hall de entrada	*The picture is in the hall.* O quadro está no corredor.
kitchen	[**ki**tchen]	cozinha	*Where is the kitchen, please?* Onde é a cozinha, por favor?
lamp	[lamp]	abajur	*The lamp is next to the sofa.* O abajur está ao lado do sofá.
living room	[**li**vin] [rum]	sala de estar	*This living room is very beautiful.* Esta sala é muito bonita.
(microwave) oven	[**ã**ven]	forno (de microondas)	*This microwave oven is very practical.* Este forno de microondas é muito prático.
refrigerator	[ri fridje**rei**ter]	geladeira	*My refrigerator is white.* Minha geladeira é branca.
sofa	[**sou**fa]	sofa	*This sofa is very comfortable.* Este sofá é muito confortável.
stairs	[stérs]	escada	*The house has very old stairs.* A casa tem escadas muito antigas.
stereo	[**sté**reou]	equipamento de som	*He bought a very nice stereo.* Ele comprou um aparelho de som muito legal.
stove	[stouv]	fogão	*In Brazil, most people use gas stoves.* No Brasil, a maioria das pessoas usa fogão a gás.
table	[**tei**bol]	mesa	*I want to buy a new table for the dining room.* Eu quero comprar uma mesa nova para a sala de jantar.
TV (set)	[ti vi]	(aparelho de) TV	*I usually watch TV in the evening.* Eu normalmente vejo TV à noite.

wall	[uóul]	parede, muro	*The picture is on the wall.*
			O quadro está na parede.
window	[uindou]	janela	*The plant is near the window.*
			A planta está perto da janela.
house/home	[haus]/[hom]	casa	*His house is very big.*
			A casa dele é muito grande.
apartment	[a **part**ment]	apartamento	*They live in an apartment in Miami.*
			Eles moram num apartamento em Miami.

EXERCÍCIO A

Coloque as letras em ordem e forme as palavras.

1. raegtofrirer _refrigerator_
2. dagren _____
3. nvigli orom _____
4. nitkech _____
5. geraga _____

6. lofor _____
7. steclo _____
8. mathrobo _____
9. drobeom _____
10. dinwow _____

EXERCÍCIO B

Escreva ao lado das palavras o número correspondente na figura.

a. lamp ____
b. table ____
c. bedroom ____
d. chair ____
e. stove ____
f. dining room ____
g. wall ____

h. bed ____
i. hall ____
j. kitchen ____
k. door ____
l. closet ____
m. stairs ____
n. bathroom ____

o. living room ____
p. oven ____
q. window ____
r. refrigerator ____
s. sofa ____
t. stereo ____
u. floor ____
v. TV (set) ____

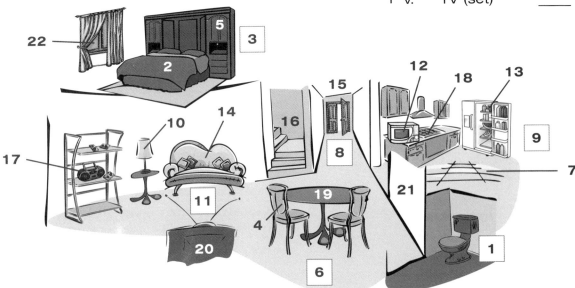

18

LIÇÃO 5

Adjetivos 1
Adjectives 1

	pronúncia	definição	exemplo
angry	[**an**gri]	zangado, furioso	*I'm very angry with you.* Estou muito zangado com você.
bad	[bad]	ruim, mau	*The weather today is very bad.* O tempo hoje está muito ruim.
big	[big]	grande	*São Paulo is a big city.* São Paulo é uma cidade grande.
cheap	[tchip]	barato	*Bananas are cheap in Brazil.* As bananas são baratas no Brasil.
cold	[kold]	frio	*Antarctica is very cold.* O continente antártico é muito frio.
confused/ **confusing**	[ken **fiu**zd]/ [ken **fiu**zin]	(estar) confuso/ (ser) confuso	*I'm confused. Please explain it again!* Eu estou confuso. Por favor, explique novamente!
crazy	[**krei**zi]	louco	*My day was crazy today.* O meu dia hoje foi louco.
difficult	[**di**fikãlt]	difícil	*Japanese is a difficult language.* A lingua japonesa é difícil.
easy	[**i**zi]	fácil	*It's easy to use the Internet.* É fácil usar a Internet.
expensive	[ik **spén**siv]	caro	*A BMW is an expensive car.* O BMW é um carro caro.
embarrassed/ **embarrassing**	[em **bé**rest]/ [em **bé**resin]	(estar) envergonhado, constrangido/embaraçoso	*When I feel embarrassed I go red.* Quando eu me sinto envergonhado, eu fico vermelho.
far	[far]	longe, distante	*London is far from New York.* Londres é longe de Nova York.
fast	[fast]	rápido	*A Porsche is a fast car.* O Porsche é um carro rápido.
good	[gud]	bom	*Italian wine is good.* Vinho italiano é bom.
happy	[**ha**pi]	feliz	*He's a happy man.* Ele é um homem feliz.
hot	[hót]	quente	*It's hot in the desert.* É quente no deserto.
long	[long]	longo, comprido	*My sister has long hair.* Minha irmã tem cabelo comprido.
near	[**ni**er]	próximo, perto	*The airport is near my house.* O aeroporto é perto da minha casa.
new	[nu]	novo, moderno	*I have a new watch.* Eu tenho um relógio novo.
old	[old]	velho, antigo	*Paris is an old city.* Paris é uma cidade antiga.
poor	[pur, pour]	pobre	*Many people are poor in Africa.* Muitas pessoas são pobres na África.
rich	[ritch]	rico	*Donald Trump is a rich man.* Donald Trump é um homem rico.
sad	[sad]	triste	*I feel sad today.* Eu me sinto triste hoje.

19

short	[chórt]	curto	*February is a short month.* Fevereiro é um mês curto.
sleepy	[**sli**pi]	sonolento, com sono	*I'm sleepy today.* Eu estou com sono hoje.
slow	[slou]	lento, vagaroso	*The traffic is very slow today.* O trânsito está muito lento hoje.
small	[smól]	pequeno	*Jamaica is a small country.* A Jamaica é um país pequeno.
surprised/ surprising	[ser **prai** zd]/ [ser **prai** zin]	surpreso/ surpreendente	*I'm surprised to see him.* Eu estou surpreso em vê-lo.

EXERCÍCIO A

Escreva ao lado de cada emoticon* **o que ele representa.
Escolha entre os termos da lista abaixo.**

[ ] happy   [**X**] confused   [ ] surprised   [ ] angry

[ ] sad   [ ] crazy   [ ] embarrassed   [ ] sleepy

1.   _confused_   5.   _____

2.   _____   6.   _____

3.   _____   7.   _____

4.   _____   8.   _____

EXERCÍCIO B

Complete as frases com uma palavra que seja o oposto daquela em negrito.

1.   Cuba is not a **big** country. It's a _small_ country.

2.   A Mercedez is not a **bad** car. It's a _____ car.

3.   Recife and Olinda are not **far**. They're _____.

4.   Bill Gates is not a **poor** man. He's very _____.

5.   A Ferrari is not a **slow** car. It's a _____ car.

6.   A newspaper is not **expensive**. It's _____.

7.   It's not **hot** in Alaska. It's _____ there.

8.   The Pyramids in Egypt are not **new**. They're very _____.

9.   Chinese is not an **easy** language. It's _____.

10. The Amazon is not a **short** river. It's a _____ river.

---

*   **A palavra** emoticon **é uma junção das palavras** emotion **(emoção) e** icon **(ícone). Esses ícones são muito utilizados nos programas de mensagens instantâneas da internet.**

LIÇÃO 6

No aeroporto
At the airport

	pronúncia	definição	exemplo
abroad	[e **bród**]	no exterior/estrangeiro; para o exterior/ estrangeiro	*I went abroad last year.* Eu viajei para o exterior no ano passado.
airline	[**ér** lain]	companhia aérea	*Varig is a Brazilian airline.* A Varig é uma companhia aérea brasileira.
airplane (ou apenas **plane**)	[**ér** plein]	avião	*A Boeing 767 is a large airplane.* O Boeing 767 é um avião grande.
airport	[**ér** port]	aeroporto	*We're going to the airport to say goodbye to Andrea.* Nós vamos ao aeroporto nos despedir da Andrea.
arrive/arrival	[e **raiv**]/ [e **rai**vel]	chegar/chegada	*What time does the flight arrive?* A que horas o vôo chega?
baggage	[**ba**guidj]	bagagem	*I have a lot of baggage.* Eu tenho muita bagagem.
business	[**biz**nes]	trabalho, negócios	*He often travels on business.* Ele viaja a negócios freqüentemente.
check in/ **check** **something in**	[tchek] [in]	fazer o check-in/ despachar algo	*I need to check in.* Eu preciso fazer o check-in. *She's checking in her baggage.* Ela está despachando a bagagem.
coffee shop	[**kó**fi] [chóp]	café (lanchonete)	*Let's go to the coffee shop!* Vamos à lanchonete!
departure	[di **par**tcher]	saída/partida	*The departure time is nine.* O horário de partida é às nove.
domestic	[de **més**tik]	doméstico	*This is a domestic flight.* Este é um vôo doméstico.
flight	[flait]	vôo	*My flight leaves at seven.* Meu vôo parte às sete.
flight attendant	[flait a**tén**dânt]	comissário de vôo	*John is a flight attendant.* John é comissário de vôo.
fly	[flai]	voar	*I need to fly to England tomorrow.* Eu preciso voar para a Inglaterra amanhã.
gate	[gueit]	portão	*Flight 203 is now boarding at gate 7.* Os passageiros do vôo 203 estão embarcando no portão 7.
leave	[liv]	sair, partir	*What time does the flight leave?* A que horas o vôo parte?
international	[inter**nach**nel]	internacional	*JFK is an international airport in New York.* O JFK é um aeroporto internacional em Nova York.
passport	[**pas**pórt]	passaporte	*I have an Italian passport.* Eu tenho passaporte italiano.
restroom	[**rést** rum]	banheiro	*Where is the restroom, please?* Onde é o banheiro, por favor?
seat belt	[**sit** belt]	cinto de segurança	*Please fasten your seat belts.* Por favor, apertem seus cintos de segurança.

ticket	[**ti**kit]	passagem, ingresso	*I can't find my ticket.*
			Não consigo achar minha passagem.
travel	[**tra**vel]	viajar	*Janet doesn't like to travel by plane.*
			A Janet não gosta de viajar de avião.

EXERCÍCIO A

Complete as frases com as palavras da lista abaixo.

[X] abroad   [ ] passport   [ ] arrive   [ ] baggage

[ ] flight   [ ] ticket   [ ] travel   [ ] gate

1. Bill is going to travel *abroad* next week. He's going to Japan.
2. You need a _____ to go to the United States.
3. My _____ number is AA305.
4. What time does his plane _____?
5. Joan has a lot of _____. She's going to Europe for forty days.
6. I don't like to stay home on my vacation, I prefer to _____.
7. The travel agency is going to send me my plane _____ tomorrow.
8. My flight is boarding soon. I have to go to _____ 7 to catch my plane.

EXERCÍCIO B

Escolha a palavra mais adequada e complete as frases.

1. Alitalia is an Italian *airline*. (airline; airplane)
2. My flight _____ at eight o'clock. (stays; leaves)
3. The flight attendant asked me to fasten my _____. (seat belt; baggage)
4. The president is going to _____ to India tomorrow. (fly; watch)
5. You need your ticket and identification to _____. (arrive; check in)
6. Embraer exports a lot of _____ to many countries. (buses; airplanes)
7. I need to go to the _____. (passport; restroom)
8. There is a big board at the airport with the arrival and _____ times (departure; international)
9. I travel on _____ quite often. (domestic; business)
10. You only need a passport for _____ flights. (credit; international)
11. There is a nice _____ at the airport. (coffee shop; pool)
12. This area is for _____ flights only. (expensive; domestic)

LIÇÃO 7

Esportes e passatempos
Sports and pastimes

	pronúncia	definição	exemplo
tennis	[tenis]	tênis	*I don't play tennis very well.* Eu não jogo tênis muito bem.
soccer (football)	[sóker]	futebol	*Soccer is popular in Brazil.* O futebol é popular no Brasil.
basketball	[basket bol]	basquete	*The United States has a good basketball team.* Os Estados Unidos têm um bom time de basquete.
volleyball	[voli bol]	vôlei	*Let's play volleyball!* Vamos jogar vôlei!
baseball	[beis bol]	beisebol	*They play baseball in Japan.* Eles jogam beisebol no Japão.
gym	[djim]	academia de ginástica	*I go to the gym three times a week.* Eu vou à academia três vezes por semana.
ski/skiing	[ski]/[skiin]	esquiar/esqui	*I love to ski.* Eu adoro esquiar.
sail/sailing	[seil]/[seilin]	velejar/iatismo	*Let's go sailing in the ocean!* Vamos velejar no oceano!
skate/skating	[skeit]/[skeitin]	patinar/patinação	*I can't ice skate.* Eu não sei patinar no gelo.
jog/jogging	[djóg]/[djóguin]	correr devagar/ jogging	*I like to jog in the park.* Eu gosto de praticar jogging no parque.
run/running	[rãn]/[rãnin]	correr/corrida	*He runs very fast.* Ele corre bem rápido.
swim/swimming	[suim]/[suimin]	nadar/natação	*My brother swims very well.* Meu irmão nada muito bem.
chess	[tchés]	xadrez	*Let's play chess!* Vamos jogar xadrez!
collection (stamps, CDs, comic books, etc.)	[ke lékch'n]	coleção (selos, CD, revistas em quadrinhos etc.)	*Mark has a big collection of CDs.* O Mark tem uma coleção grande de CD.
ball	[bol]	bola	*Catch the ball!* Pegue a bola!
field	[fild]	campo	*This soccer field is very good.* Este campo de futebol é muito bom.
court	[kórt]	quadra	*The club has four tennis courts.* O clube tem quatro quadras de tênis.
athlete	[azh lit]	atleta	*Lisa is a top athlete.* A Lisa é uma grande atleta.
player	[pleier]	jogador	*Ronaldo is a soccer player.* Ronaldo é jogador de futebol.
cards	[kards]	cartas	*I like to play cards.* Eu gosto de jogar cartas.
team	[tim]	time	*Brazil has a very good volleyball team.* O Brasil tem um time de vôlei muito bom.
game/match	[gueim]/[match]	jogo	*Let's watch the soccer match!* Vamos assistir ao jogo de futebol!

sport	[sport]	esporte	*Bob loves sports.* O Bob adora esportes.
hobby	[**hó**bi]	hobby	*My favorite hobby is cooking.* Meu hobby favorito é cozinhar.

EXERCÍCIO A

Relacione as palavras às figuras.

[   ] baseball   [   ] ice skating   [   ] tennis   [   ] soccer   [   ] swimming

[   ] volleyball   [   ] sailing   [   ] skiing   [   ] running   [**X**] basketball

1. *basketball*   2._____   3._____   4._____   5._____

6._____   7._____   8._____   9._____   10._____

EXERCÍCIO B

Classifique os esportes da lista acima como individual **(individual) ou** team **(em grupo). Alguns esportes podem ser praticados tanto individualmente como em grupo. Nesses casos, indique-os nas duas colunas.**

individual	team
running	

LIÇÃO 8

Animais selvagens, domésticos etc.
Wild animals, pets, etc.

	pronúncia	definição	exemplo
bird	[bãrd]	pássaro	*I love birds.* Eu adoro pássaros.
cat	[kat, ket]	gato	*She has a big cat.* Ela tem um gato grande.
cow	[kau]	vaca	*The cow is black and white.* A vaca é branca e preta.
crocodile	[króke **dail**]	crocodilo	*There are many crocodiles in Africa.* Há muitos crocodilos na África.
dog	[dog]	cachorro, cão	*I have two dogs.* Eu tenho dois cachorros.
duck	[dãk]	pato	*There are many ducks on the farm.* Há muitos patos na fazenda.
elephant	[**é**lefent]	elefante	*Elephants live in Africa and Asia.* Os elefantes vivem na África e na Ásia.
fish	[fich]	peixe	*Tuna is a big fish.* O atum é um peixe grande.
giraffe	[dje **raf**]	girafa	*The giraffe has a long neck.* A girafa tem pescoço comprido.
horse	[hórs]	cavalo	*Bill loves horses.* O Bill adora cavalos.
lion	[**lai** en]	leão	*The lion is the king of the jungle.* O leão é o rei da selva.
monkey	[**man**ki]	macaco	*There are many monkeys at the zoo.* Há muitos macacos no zoológico.
mouse	[maus]	camundongo	*A mouse ate the cheese.* Um camundongo comeu o queijo.
pig	[pig]	porco	*My uncle has many pigs on the farm.* Meu tio tem muitos porcos na fazenda.
rabbit	[rabit]	coelho	*Rabbits jump very high.* Os coelhos pulam muito alto.
snake	[sneik]	cobra	*I'm afraid of snakes.* Eu tenho medo de cobras.
spider	[**spai**der]	aranha	*The tarantula is a big spider.* A tarântula é uma aranha grande.
tiger	[**tai**guer]	tigre	*Tigers are carnivores.* Os tigres são carnívoros
animal	[**a**nemal]	animal	*I went to the zoo to see the animals.* Eu fui ao zoológico para ver os animais.
insect	[**in** sekt]	inseto	*Jeff doesn't like insects.* O Jeff não gosta de insetos.
pet	[pet]	animal de estimação	*Mrs. Carter has a lot of pets.* A sra. Carter tem muitos animais de estimação.

EXERCÍCIO A

Encontre dez animais no quadro e escreva os nomes deles ao lado das respectivas figuras.

1. _cat_

2. _____

3. _____

4. _____

5. _____

6. _____

7. _____

8. _____

9. _____

10. _____

F	K	A	T	I	G	E	R	I	L	V
C	I	M	W	T	S	B	A	H	D	O
A	N	A	J	L	Z	E	B	O	E	F
T	P	I	O	R	S	E	B	F	L	Y
A	C	R	O	C	O	D	I	L	E	J
K	P	V	R	A	Z	X	T	I	P	S
N	I	F	I	S	H	A	C	T	H	P
O	N	K	T	N	A	L	I	O	A	I
A	C	X	U	A	I	O	E	D	N	D
S	M	O	N	K	E	Y	P	R	T	E
F	S	T	U	E	I	P	L	R	S	R

EXERCÍCIO B

Complete as palavras e conecte-as às figuras.

1. H _a_ _r_ _s_ _e_

2. P __ __

3. G __ __ __ __ __ __

4. B __ __ __

5. M __ __ __ __

6. D __ __ __

7. D __ __

8. C __ __

26

Na cidade
In the town

	pronúncia	definição	exemplo
avenue	[ave nu]	avenida	*The hotel is on Fifth Avenue.* O hotel fica na Quinta Avenida.
block	[blok]	quarteirão	*The hospital is two blocks from here.* O hospital fica a dois quarteirões daqui.
bridge	[bridj]	ponte	*There are many bridges over the Hudson River.* Há muitas pontes sobre o rio Hudson.
bus station	[bãs] [steich'n]	terminal rodoviário	*Let's go to the bus station to take the bus!* Vamos ao terminal rodoviário para pegar o ônibus!
bus stop	[bãs] [stop]	ponto de ônibus	*There is a bus stop in front of the restaurant.* Há um ponto de ônibus em frente ao restaurante.
coffee shop	[kófi] [chóp]	casa de café	*Coffee shops are popular in Los Angeles.* As casas de café são populares em Los Angeles.
church	[tchãrtch]	igreja	*Mary went to church yesterday.* A Mary foi à igreja ontem.
downtown	[daun taun]	centro da cidade	*There are many good hotels in the downtown area.* Há muitos bons hotéis na área central da cidade.
fire station	[faier] [steich'n]	quartel dos bombeiros	*The fire station is next to the train station.* O quartel dos bombeiros fica ao lado da estação de trem.
hospital	[hóspit'l]	hospital	*Mark works in a hospital.* O Mark trabalha num hospital.
hotel	[hou tél]	hotel	*I usually stay in hotels when I travel.* Eu geralmente fico em hotéis quando viajo.
library	[laibreri]	biblioteca	*Let's go to the library!* Vamos à biblioteca!
museum	[miu zi em]	museu	*I like to visit museums.* Eu gosto de visitar museus.
office building	[ófis] [bildin]	prédio de escritórios	*He works in a big office building.* Ele trabalha num grande prédio de escritórios.
park	[park]	estacionar	*It's difficult to park the car in the donwtown area.* É difícil estacionar o carro no centro.
parking lot	[parkin] [lot]	estacionamento	*He left the car at the parking lot.* Ele deixou o carro no estacionamento.
pedestrian crossing	[pe déstri en króssin]	passagem de pedestres	*Pedestrians should use the pedestrian crossings to cross the streets.* Os pedestres deveriam usar as passagens de pedestre para atravessar a rua.
police station	[pe lis] [steich'n]	delegacia (de polícia)	*The police station is on Elm Street.* A delegacia de polícia fica na rua Elm.
post office	[poust] [ófis]	correio	*I usually go to the post office to mail letters.* Eu geralmente vou ao correio para enviar cartas.
school	[skul]	escola	*He goes to school by bus.* Ele vai à escola de ônibus.
mall	[mól]	shopping	*Let's go to the mall to watch a movie.* Vamos ao shopping assistir a um filme.
sidewalk	[said wók]	calçada	*The newsstand is on the sidewalk.* A banca de jornais fica na calçada.
sign	[sain]	placa	*There are no signs for the museum.* Não há placas para o museu.

street	[strit]	rua	*This street is very busy.* Esta rua é muito cheia.
subway station	[**sãb** uei] [**steich**'n]	estação de metrô	*There is a subway station in front of the hotel.* Há uma estação de metrô em frente ao hotel.
taxi	[**ta**ksi]	táxi	*Let's take a taxi!* Vamos pegar um táxi!
traffic light	[**tra**fik] [lait]	sinal (de trânsito)	*The traffic light is green.* O sinal de trânsito está verde.
train station	[trein] [steich'n]	estação de trem	*There is a big train station in New York.* Existe uma grande estação de trem em Nova York.
town	[taun]	cidade (pequena)	*He lives in a small town.* Ele mora numa cidade pequena.
phone booth	[foun] [buzh]	cabine telefônica	*There is a phone booth in front of the bank.* Há uma cabine telefônica em frente ao banco.

EXERCÍCIO A

Complete a história com as palavras mais apropriadas.

Paul lives in the country, but he usually goes to the city when he has to do something. Yesterday he went to the city and he did many things. First he went to the (1) *post office* (bank; post office) to mail some letters and then he went to the (2) _____ (train station; bus station) to buy a train ticket.

When he left the train station he was hungry so he decided to go to a (3) _____ (school; restaurant) to get something to eat. After lunch, he went to the (4) _____ (police station; museum) to see a new exhibition. It was very far so he decided to take the (5) _____ (subway; avenue). The (6) _____ (hotel; subway station) was in front of a (7) _____ (hospital; fire station) and Paul saw the beautiful fire trucks there.

After visiting the exhibition, he went to the (8) _____ (mall; church) to buy some clothes and then he returned to his house in the country. It was a nice but tiring day for Paul.

EXERCÍCIO B

Combine as palavras.

[X] bus	[ ] post	[ ] train	[ ] office	[ ] fire	[ ] coffee
[ ] traffic	[ ] police	[ ] phone	[ ] subway	[ ] pedestrian	[ ] bus

1. __*bus*__ station
2. _____ stop
3. _____ shop
4. _____ station
5. _____ building
6. _____ crossing

7. _____ station
8. _____ office
9. _____ station
10. _____ light
11. _____ station
12. _____ booth

LIÇÃO 10

Números
Numbers

	pronúncia	definição	exemplo
zero	[**zi**rou] ou como a letra **o** [ou]	zero	*My room is 507 [five-oh-seven] [five-zero-seven].* Meu quarto é o número 507.
twenty	[**tuen**ti]	vinte	*I have twenty dollars in my pocket.* Eu tenho vinte dólares no meu bolso.
thirty	[**zhã**rti]	trinta	*The DVD costs thirty dollars.* O DVD custa trinta dólares.
forty	[**fór**ti]	quarenta	*The park is forty miles from here.* O parque fica a quarenta milhas [64 quilômetros] daqui.
fifty	[**fif**ti]	cinqüenta	*He's fifty years old.* Ele tem cinqüenta anos.
sixty	[**siks**ti]	sessenta	*The building is sixty feet tall.* O prédio tem sessenta pés [18 metros] de altura.
hundred	[**han**dred]	cem	*The jacket costs two hundred dollars.* A jaqueta/O paletó custa duzentos dólares.
thousand	[**zhauz**'nd]	mil	*He paid two thousand reais for the ticket.* Ele pagou dois mil reais pela passagem.
million	[**mi**lien]	milhão	*There are eight million people in Rio.* Rio tem oito milhões de habitantes.
billion	[**bi**lien]	bilhão	*China has more than one billion people.* A China tem mais de um bilhão de habitantes.
first	[**fã**rst]	primeiro	*My first name is Erik and my last name is Moore.* Meu primeiro nome é Erik e meu último nome é Moore.
second	[**sé**kend]	segundo	*The restaurant is on the second floor.* O restaurante fica no segundo andar.
third	[**zhã**rd]	terceiro	*This is the third letter I send him.* Esta é a terceira carta que eu envio para ele.
fourth	[**fór**zh]	quarto	*This is my fourth day in San Diego.* Este é meu quarto dia em San Diego.
fifth	[**fif**zh]	quinto	*There is a film called 'The Fifth Element'.* Existe um filme chamado 'O Quinto Elemento'.
sixth	[**siks**zh]	sexto	*The auditorium is on the sixth floor.* O auditório fica no sexto andar.
tenth	[**ten**zh]	décimo	*My apartment is on the tenth floor.* Meu apartamento fica no décimo andar.
twenty-first	[**tuen**ti **fã**rst]	vigésimo primeiro	*He's celebrating his twenty-first birthday.* Ele está comemorando seu vigésimo primeiro aniversário.

EXERCÍCIO A

Faça as contas e escreva o resultado por extenso.

a. 10 + 12 = *twenty-two*

b. 25 + 13 = _____

c. 10 – 10 = _____

d. 33 + 22 = _____

e. 50 + 60 = _____

f. 200 + 300 = _____

g. 1,000* + 1,000 = _____

h. 999,999 + 1 = _____

EXERCÍCIO B

Escreva os números por extenso.

[　] thirty-seventh　　[X] first　　　　[　] a billion　　　[　] twenty thousand five

[　] forty-ninth　　　[　] third　　　　[　] seventh　　　　　hundred forty-five

[　] twenty-fifth　　　[　] second　　　[　] tenth　　　　[　] a million eight

[　] a hundred thousand eighty　　　　　　　　　　　　　　　hundred

a. 1st *first* _____

b. 2nd _____

c. 3rd _____

d. 7th _____

e. 10th _____

f. 25th _____

g. 37th _____

h. 49th _____

i. 20,545 _____

j. 100,080 _____

k. 1,000,800 _____

l. 1,000,000,000 _____

* Na grafia inglesa, utiliza-se vírgula (e não ponto) para separar as três casas decimais.

LIÇÃO 11

Comida e bebida 1
Food and drink 1

	pronúncia	definição	exemplo
apple	[apol]	maçã	*I eat apples everyday.* Eu como maçãs todo dia.
banana	[benana]	banana	*Bananas are cheap in Brazil.* As bananas são baratas no Brasil.
lemon	[lémen]	limão	*You can make lemonade with lemons.* Você pode fazer limonada com limões.
lettuce	[létess]	alface	*Lettuce is a healthy vegetable.* O alface é uma verdura saudável.
orange	[órendj]	laranja	*Brazil exports a lot of orange juice.* O Brasil exporta muito suco de laranja.
onion	[ãnien]	cebola	*Cutting onions can make you cry.* Cortar cebolas pode fazer você chorar.
potato	[pe **tei**tou]	batata	*I love potatoes.* Eu adoro batatas.
tomato	[te **mei**tou]	tomate	*I bought some tomatoes yesterday.* Eu comprei uns tomates ontem.
beefsteak	[**bif** steik]	bife	*I ordered beef and French fries.* Eu pedi bife com batata frita.
beer	[bier]	cerveja	*German beer is usually very strong.* A cerveja alemã é normalmente muito forte.
bread	[bréd]	pão	*I eat bread for breakfast everyday.* Eu como pão no café-da-manhã todo dia.
cheese	[tchiz]	queijo	*Cheese has a lot of protein.* O queijo tem muita proteína.
chicken	[**tchi**ken]	frango	*Americans eat a lot of chicken.* Os americanos comem muito frango.
coffee	[**kó**fi]	café	*She drinks coffee every day.* Ela toma café todo dia.
egg	[eg]	ovo	*I like scrambled eggs.* Eu gosto de ovos mexidos.
fish	[fich]	peixe	*This restaurant has nice fish.* Este restaurante tem bons peixes.
French fries	[frentch] [frais]	batata frita	*Most children love French fries.* A maioria das crianças adora batata frita.
hamburger	[ham **bur**ger]	hambúrguer	*Hamburger is a typical American food.* O hambúrguer é uma comida típica americana.
hot dog	[hot dog]	cachorro-quente	*He ate two hot dogs for dinner.* Ele comeu dois cachorros-quentes no jantar.
ice cream	[ais] [krim]	sorvete	*I eat ice cream when it's hot.* Eu tomo sorvete quando faz calor.
meat	[mit]	carne	*Brazil exports a lot of meat.* O Brasil exporta muita carne.
milk	[milk]	leite	*Babies need to drink milk.* Os bebês precisam tomar leite.
(mineral) water	[uater]	água (mineral)	*There is very little water in the desert.* Há muito pouca água no deserto.

pasta	[**pas**ta]	massa (macarrão etc.)	*Italians eat a lot of pasta.* Os italianos comem muita massa.
pizza	[**pi**tsa]	pizza	*I eat pizza every week.* Eu como pizza toda semana.
salad	[**sa**lad]	salada	*He made a nice salad for lunch.* Ele fez uma boa salada para o almoço.
food	[fud]	comida	*They love Japanese food.* Eles adoram comida japonesa.
drink	[drink]	bebida	*He ordered a drink.* Ele pediu uma bebida.
fruit	[frut]	fruta/frutas	*I eat a lot of fruit.* Eu como muitas frutas.
vegetable	[**vé**djetebol]	hortaliça (verdura ou legume)	*Vegetables are good for the health.* As hortaliças são boas para a saúde.

EXERCÍCIO A

Relacione as palavras às figuras.

[ ] banana   [ ] chicken   [ ] pizza   [X] hot dog   [ ] egg

[ ] French fries   [ ] bread   [ ] ice cream   [ ] tomato   [ ] cheese

1. *hot dog*   2._____   3._____   4._____   5._____

6._____   7._____   8._____   9._____   10._____

EXERCÍCIO B

Coloque as letras em ordem e forme as palavras.

1. taspa _*pasta*_
2. effeco _____
3. leapp _____
4. meonl _____
5. ehurmbagr _____

6. dsala _____
7. mkil _____
8. renoga _____
9. hifs _____
10. taem _____

LIÇÃO 12

Restaurantes, bares, cafés etc.
Restaurant, bars, cafés etc.

	pronúncia	**definição**	**exemplo**
check	[tchek]	conta	*Could you please bring me the check?* Você poderia me trazer a conta, por favor?
cup	[kãp]	xícara	*She drank two cups of coffee.* Ela tomou duas xícaras de café.
dessert	[di **zãr**t]	sobremesa	*This restaurant serves delicious desserts.* Este restaurante serve sobremesas deliciosas.
drink	[drink]	beber	*I like to drink wine for dinner.* Eu gusto de beber vinho no jantar.
eat	[it]	comer	*Mário went to the restaurant to eat pizza.* O Mário foi ao restaurante comer pizza.
fork	[fórk]	garfo	*I prefer to eat pizza with a knife and fork.* Eu prefiro comer pizza com garfo e faca.
glass	[glas]	copo	*The waiter poured the wine in my glass.* O garçom serviu o vinho no meu copo.
knife	[naif]	faca	*You cut meat with a knife.* Corta-se carne com faca.
main dish	[mein] [dich]	prato principal	*The main dish is chicken.* O prato principal é frango.
menu	[**mén** iu, **mein** iu]	cardápio	*Can I see the menu please?* Posso ver o cardápio, por favor?
napkin	[**nap**kin]	guardanapo	*The waiter brought me another napkin.* O garçom me trouxe outro guardanapo.
reservation	[rezer **vei**chen]	reserva	*We made reservations in the hotel restaurant.* Nós fizemos reserva no restaurante do hotel.
spoon	[spun]	colher	*I eat soup with a spoon.* Eu tomo sopa com colher.
waiter	[u**ei**ter]	garçom	*The waiter is bringing the check.* O garçom está trazendo a conta.
wine list	[u**ain**] [list]	carta de vinhos	*Let's have a look at the wine list!* Vamos dar uma olhada na carta de vinhos!
restaurant	[**rés**terent, **rés**te ront]	restaurante	*There are many nice restaurants in this city.* Há muitos bons restaurantes nesta cidade.
bar	[bar]	bar	*They went to a bar to have a drink.* Eles foram ao bar tomar uma bebida.

Almoço, jantar etc. *Lunch, dinner, etc.*

fast food	[fast] [fud]	fast food	*Americans usually eat a lot of fast food.* Os americanos geralmente comem muita fast food.
barbecue/barbeque	[**bar**be kiu]	churrasco	*They bought meat to make a barbecue.* Eles compraram carne para fazer um churrasco.
meal	[mil]	refeição	*He usually has three meals a day.* Ele geralmente faz três refeições por dia.

breakfast	[brékfest]	café-da-manhã	*I usually have a breakfast at 7.*
			Eu normalmente tomo café-da-manhã às 7.
lunch	[lãntch]	almoço	*I usually have lunch at noon.*
			Eu geralmente almoço ao meio-dia.
dinner	[diner]	jantar	*Let's have dinner!*
			Vamos jantar!

EXERCÍCIO A

Enumere as frases na ordem correta.

a.   Order your food and drinks.   [   ]

b.   Call the waiter.   [   ]

c.   Make a reservation.   [   ]

d.   Ask for the menu.   [   ]

e.   Call the waiter again.   [   ]

f.   Look at the menu.   [   ]

g.   Pay the check.   [   ]

h.   Decide to go to a restaurant.   [   ]

i.   Go to the restaurant.   [   ]

j.   Ask for the check.   [   ]

k.   Eat and drink.   [   ]

EXERCÍCIO B

Escolha a palavra mais adequada e complete as frases.

1.   He asked for a __cup__ of coffee. (plate; cup)

2.   Martha usually has _____ at eight o'clock in the morning. (breakfast; dinner)

3.   I cut the meat with a _____. (spoon; knife)

4.   Phil is on a diet so he doesn't eat _____. (eggs; dessert)

5.   I usually have three _____ a day. (meals; lunchs)

6.   She doesn't have much time for lunch so she eats _____. (fast food; main dish)

7.   Max invited his friends to have a drink in a _____. (school; bar)

8.   Waiter, can I see the _____ please! (book; menu)

9.   Janet wants to go to the restaurant to eat _____. (barbecue; fork)

10. After the show, they went to a restaurant for _____. (fast food; dinner)

LIÇÃO 13

Adjetivos 2
Adjectives 2

	pronúncia	definição	exemplo
beautiful	[**biu**tifol]	bonito, lindo	*She has beautiful eyes.* Ela tem olhos lindos.
better	[**bé**ter]	melhor	*I'm feeling better now.* Eu estou me sentindo melhor agora.
busy	[**bi**zi]	ocupado	*Mr. Jones is busy at the moment.* O sr. Jones está ocupado no momento.
closed	[klouzd]	fechado	*The school is closed today.* A escola está fechada hoje.
empty	[**ém**pti]	vazio	*The gas tank is empty.* O tanque de gasolina está vazio.
fat	[fat]	gordo	*Fred is getting fat.* Fred está ficando gordo.
free	[fri]	livre	*This seat is free.* Este assento está livre.
full	[ful]	cheio	*My glass is full.* Meu copo está cheio.
good	[gud]	bom	*He's a good man.* Ele é um bom homem.
large	[lardj]	grande	*Brazil is a large country.* O Brazil é um país grande.
little	[**li**tol]	pequeno	*Sally has a little dog.* A Sally tem um cachorro pequeno.
open	[**ô**pen]	aberto	*My book is open.* Meu livro está aberto.
ready	[**ré**di]	pronto	*The documents are ready.* Os documentos estão prontos.
right	[rait]	direito, correto, certo	*She told me the right address.* Ela me disse o endereço certo.
thick	[zhik]	grosso	*The Bible is a thick book.* A bíblia é um livro grosso.
thin	[zhin]	fino	*This laptop computer is very thin.* Este computador laptop é muito fino.
ugly	[**ã**gli]	feio	*He has an ugly car.* Ele tem um carro feio.
worse	[u**ã**rs]	pior	*The weather today is worse than yesterday.* O tempo hoje está pior do que ontem.
wrong	[**ró**ng]	errado	*Sandra called the wrong number.* A Sandra ligou para o número errado.
young	[i**ã**ng]	jovem	*Tom is a young artist.* O Tom é um artista jovem.

35

EXERCÍCIO A

Conecte os adjetivos aos significados opostos.

1. empty   thin
2. thick   free
3. fat   young
4. worse   full
5. closed   thin
6. right   open
7. beautiful   better
8. little   large
9. busy   wrong
10. old   ugly

EXERCÍCIO B

Complete as frases com os adjetivos do exercício A.

1. Mark is only ten years old. He's very _young_.
2. I can't talk to you now. I'm very _____.
3. We can't go to the post office today because it's Sunday and the post office is _____.
4. Twelve and twelve is not twenty five. This is _____.
5. Sarah eats very little. She's very _____.
6. There are small towns in California, but Los Angeles is a very _____ city.
7. I could not get a room at the hotel. It was _____.
8. I like Celine Dion. I think she has a _____ voice.
9. We need to go to the supermarket. The refrigerator is almost _____.
10. This book has more than 1,000 pages. It's a very _____ book.

LIÇÃO 14

Partes do corpo
Parts of the body

	pronúncia	**definição**	**exemplo**
arm	[arm]	braço	*The baby slept in her arms.* O bebê dormiu nos braços dela.
back	[bak]	costas	*He put the bag on his back.* Ele colocou a bolsa nas costas.
chest	[tchest]	peito	*Peter has a tattoo on his chest.* O Peter tem uma tatuagem no peito.
ear	[iar]	orelha	*Sandra has pierced ears.* A Sandra tem as orelhas furadas.
eye	[ai]	olho	*My brother has blue eyes.* Meu irmão tem olhos azuis.
face	[feis]	rosto	*Your face is very red.* Seu rosto está muito vermelho.
finger	[**fin**guer]	dedo	*He crossed his fingers and hoped for the best.* Ele cruzou os dedos e torceu pelo melhor.
foot **(plural = feet)**	[fut]	pé	*My feet are cold.* Os meus pés estão gelados.
hair	[hér]	cabelo	*She has a beautiful black hair.* Ela tem um lindo cabelo preto.
hand	[hand]	mão	*Please hold my hand.* Por favor, segure minha mão.
head	[hed]	cabeça	*He put the hat on his head.* Ele colocou o chapéu na cabeça.
leg	[leg]	perna	*This model has long legs.* Essa modelo tem pernas longas.
mouth	[mouzh]	boca	*I speak with my mouth.* Eu falo com a boca.
neck	[nek]	pescoço	*She put the chain around her neck.* Ela colocou a corrente no pescoço.
nose	[nouz]	nariz	*He broke his nose.* Ele quebrou o nariz.
shoulder	[choulder]	ombro	*I have broad sholders.* Eu tenho ombros largos.
tooth **(plural = teeth)**	[tuzh]	dente	*I brush my teeth every day.* Eu escovo os dentes todo dia.
knee	[ni]	joelho	*He hurt his knee.* Ele machucou o joelho.
toe	[tou]	dedo do pé	*She doesn't like her toes.* Ela não gosta dos seus dedos do pé.
body	[bódi]	corpo	*She has a nice body.* Ela tem um corpo bonito.

EXERCÍCIO A

Complete as palavras cruzadas.

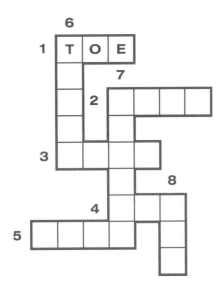

Horizontal

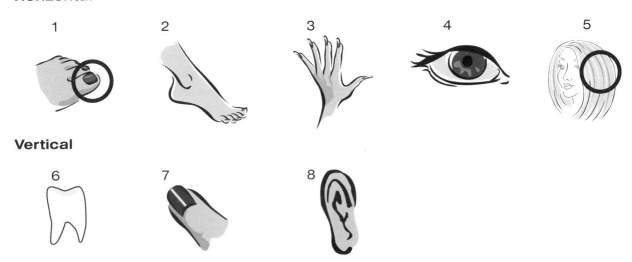

1 2 3 4 5

Vertical

6 7 8

EXERCÍCIO B

Escolha a palavra mais adequada e complete as frases.

1. She chose a small hat because she has a small ___head___ (toe; head).
2. I can't stand up for many hours because my _____ hurt. (legs; arms).
3. The boxer broke his _____ in a fight. (eye; nose).
4. It's easier to carry this bag on your _____. (finger; back)
5. When I looked at her _____ I noticed she was crying. (face; shoulder)
6. When he fell off the bike he hurt his _____. (hair; knee)
7. She put the chain around her _____. (mouth; neck).
8. The model for the bikini commercial needs to have a beautiful _____. (toe; body)

Verbos 2
Verbs 2

	pronúncia	definição	exemplo
answer	[**an**ser]	responder	*He answered the question.* Ele respondeu à pergunta.
arrive	[e **raiv**]	chegar	*The train is going to arrive at six.* O trem vai chegar às seis.
ask	[ask]	perguntar, pedir	*She asked me to call the waiter.* Ela me pediu para chamar o garçom.
bring	[bring]	trazer	*Could you bring me the check please?* Você poderia me trazer a conta, por favor?
close	[klouz]	fechar	*Please close the window!* Por favor, feche a janela!
cost	[kóst]	custar	*How much does this book cost?* Quanto custa este livro?
drive	[draiv]	dirigir	*He drives very fast.* Ele dirige muito rápido.
find	[faind]	encontrar	*I can't find my pen.* Eu não consigo achar minha caneta.
finish	[**fi**nich]	terminar, acabar	*Sharon is going to finish her course this year.* A Sharon vai terminar seu curso este ano.
forget	[fer **gét**]	esquecer	*I forgot to call her.* Eu me esqueci de ligar para ela.
give	[guiv]	dar	*Can you give me a ride to the airport?* Você pode me dar uma carona para o aeroporto?
leave	[liv]	partir, deixar	*My bus leaves at three.* O meu ônibus parte às três.
lose	[luz]	perder	*Don't lose your passport!* Não perca seu passaporte!
love	[lãv]	amar, adorar	*I love pizza.* Eu adoro pizza.
make	[meik]	fazer	*I don't like to make my bed.* Eu não gosto de fazer minha cama.
open	[ôpen]	abrir	*She wants to open the door.* Ela quer abrir a porta.
receive	[ri **siv**]	receber	*Did you receive my email?* Você recebeu o meu e-mail?
remember	[ri **mém**ber]	lembrar	*I can't remember your name.* Eu não consigo me lembrar do seu nome.
see	[si]	ver	*Mrs. Morgan wants to see you now.* A sra. Morgan quer vê-lo agora.
smoke	[smouk]	fumar	*You can't smoke in here.* Você não pode fumar aqui.
speak	[spik]	falar	*I don't speak Spanish.* Eu não falo espanhol.
start	[start]	começar, iniciar	*What time does the movie start?* A que horas o filme começa?

stop	[stop]	parar	*Please stop the car!* Por favor, pare o carro!
study	[stãdi]	estudar	*She likes to study history.* Ela gosta de estudar história.
talk	[tók]	conversar	*I need to talk to you about this problem.* Eu preciso conversar com você a respeito desse problema.
think	[zhink]	pensar	*I think this restaurant is very good.* Eu acho este restaurante muito bom.
wait	[ueit]	esperar	*Wait a minute!* Espere um minuto!
write	[rait]	escrever	*She's going to write him a letter.* Ela vai escrever uma carta para ele.

EXERCÍCIO A

Complete as frases com os verbos abaixo.

[ ] open   [ ] wait   [ ] receive   [ ] talk   [X] find

[ ] drive   [ ] see   [ ] bring   [ ] love   [ ] start

1. I've lost my pen. I can't __*find*__ it.
2. We need to _____ about the problem.
3. I went to the airport but the flight was late so I had to _____ for a long time.
4. I eat chocolate everyday. It's delicious and I _____ it.
5. The classes _____ at 7 and finish at 10.
6. John sent me the email yesterday, but I didn't _____ it.
7. I asked the waiter to _____ me a cup of coffee.
8. Sandra is eighteen and she's learning to _____ a car.
9. Jack wants to _____ a new company.
10. It's very dark in here. I can't _____ anything.

EXERCÍCIO B

Conecte os verbos aos significados opostos.

1. lose   forget
2. close   find
3. finish   arrive
4. remember   receive
5. give   open
6. ask   answer
7. leave   start

LIÇÃO 16

Dias da semana, ano, hora etc.
Days of the week, year, time, etc.

	pronúncia	definição	exemplo
Monday	[**man** dei]	segunda-feira	*He has lessons on Mondays.* Ele tem aulas às segundas-feiras.
Tuesday	[**tuz** dei]	terça-feira	*Mandy will leave on Tuesday.* A Mandy vai partir na terça-feira.
Wednesday	[**uénz** dei]	quarta-feira	*Bob sent the letter last Wednesday.* O Bob enviou a carta na quarta-feira passada.
Thursday	[**zhãrz** dei]	quinta-feira	*His birthday is next Thursday.* O aniversário dele é na próxima quinta-feira.
Friday	[**frai** dei]	sexta-feira	*Linda will finish the project on Friday.* A Linda vai terminar o projeto na sexta-feira.
Saturday	[**sa**ter dei]	sábado	*I don't like to watch TV on Saturdays.* Eu não gosto de assistir à TV aos sábados.
Sunday	[**san** dei]	domingo	*They usually go to church on Sundays.* Eles geralmente vão à igreja aos domingos.
today	[te **dei**]	hoje	*Today is a special day.* Hoje é um dia especial.
tonight	[te **nait**]	hoje à noite	*I'm going to the movies tonight.* Eu vou ao cinema hoje à noite.
yesterday	[i**és**ter dei]	ontem	*Paul called me yesterday.* O Paul me ligou ontem.
tomorrow	[te **mó**rou]	amanhã	*Louise is going to travel tomorrow.* A Louise vai viajar amanhã.
day	[dei]	dia	*I work during the day.* Eu trabalho de dia.
week	[uik]	semana	*He has a very busy week.* Ele tem uma semana muito ocupada.
month	[manzh]	mês	*They travel every month.* Eles viajam todo mês.
year	[ier]	ano	*This is my first year in the company.* Este é meu primeiro ano na empresa.
morning	[**mór**ning]	manhã	*She studies in the morning.* Ela estuda de manhã.
afternoon	[**af**ter nun]	tarde	*Phil is going to see the doctor tomorrow afternoon.* O Phil vai ver o médico amanhã à tarde.
evening	[**iv**ning]	noitinha (ao anoitecer)	*They usually stay home in the evening.* Eles geralmente ficam em casa no fim do dia.
night	[nait]	noite	*I didn't sleep very well last night.* Eu não dormi bem na noite passada.
this (week, month, etc.)	[dhis]	este(a) (semana, mês etc.)	*Jack is going to the beach this week.* O Jack vai para a praia esta semana.
last (week, month, etc.)	[last]	(semana, mês etc.) passado(a)	*Cindy got married last month.* A Cindy se casou no mês passado.
next (week, month, etc.)	[nekst]	próximo(a) (semana, mês etc.)	*I'm going to the United States next week.* Eu vou para os Estados Unidos na semana que vem.

weekend	[ui̇k end]	fim de semana	*I like to go out on weekends.* Eu gosto de sair no final de semana.
minute	[mi̇nit]	minuto	*Please wait a minute!* Por favor, espere um minuto!
hour	[auer]	hora	*She stayed there for two hours.* Ela ficou lá por duas horas.
second	[sékend]	segundo	*You have thirty seconds to answer the question.* Você tem 30 segundos para responder à pergunta.
past	[past]	passado	*She was very famous in the past.* Ela era muito famosa no passado.
present	[pri zent]	presente	*I live the present.* Eu vivo o presente.
future	[fiutcher]	futuro	*This is my future house.* Esta é minha futura casa.
now	[nau]	agora	*I'm leaving now.* Estou saindo agora.
soon	[sun]	logo, em breve	*I will see you soon.* Eu verei você em breve.
time	[taim]	tempo (hora)	*I don't have time to study.* Eu não tenho tempo para estudar.

EXERCÍCIO A

Hoje é terça-feira, 5 de outubro. Veja a agenda da Sally e complete as frases com as palavras do quadro.

[ ] tomorrow [ ] morning [ ] today [ ] day after tomorrow [ ] afternoon
[ ] weekend [X] Friday [ ] yesterday [ ] night [ ] Sunday

OCTOBER

03 – Sunday

    – movies with Paul

04 – Monday

10 am – meeting with Mark
4 pm – yoga
10 pm – dinner with Mary

05 – Tuesday

6 pm – doctor

06 – Wednesday

9:30 am – presentation

07 – Thursday

11 am – pick up John at airport

08 – Friday

3 pm – go to the bank

09 – Saturday

    – travel to the beach

1. Sally is going to the supermarket on _Friday_ .
2. Last _____ she had dinner with Mary.
3. Yesterday she had a meeting with Mark in the_____.
4. _____ afternoon she had yoga classes.
5. _____she's going to make a presentation at 9:30 am.
6. _____she's going to see a doctor at 6 p.m.
7. The _____she's going to pick up John at the airport.
8. Last _____, she went to the movies with Paul
9. She's going to the beach on the_____.
10. On Friday _____she's going to the bank.

EXERCÍCIO B

Complete as frases.

Today is Friday

1. Tomorrow is _Saturday_ .
2. The day after tomorrow is _____ .
3. Yesterday was _____ .
4. The day before yesterday was _____ .

Today is Monday

5. Tomorrow is _____ .
6. The day after tomorrow is _____ .
7. Yesterday was _____ .
8. The day before yesterday was _____ .

LIÇÃO 17

Meses e estações do ano
Months and seasons of the year

Meses *Months*

	pronúncia	definição	exemplo
month	[manzh]	mês	*There are twelve months in a year.* O ano tem 12 meses.
January	[**dja**niu eri]	janeiro	*January has thirty one days.* Janeiro tem 31 dias
February	[**fé**bru eri]	fevereiro	*My birthday is in February.* Meu aniversário é em fevereiro.
March	[martch]	março	*Rita is going on vacation in March.* A Rita vai sair de férias em março.
April	[**ei**prel]	abril	*I left the company in April.* Eu saí da empresa em abril.
May	[mei]	maio	*They're getting married in May.* Eles vão se casar em maio.
June	[djun]	junho	*Mark was born in June, 1977.* O Mark nasceu em junho de 1977.
July	[dju **lai**]	julho	*It's usually hot in July in New York.* Geralmente faz calor em julho em Nova York.
August	[**ó**guest]	agosto	*Sandra will be eighteen in August.* A Sandra vai fazer 18 anos em agosto.
September	[sep **tem**ber]	setembro	*Our wedding anniversary is in September.* Nosso aniversário de casamento é em setembro.
October	[ok **to**ber]	outubro	*The course will start in October.* O curso irá começar em outubro.
November	[no **vem**ber]	novembro	*I'm going to Canada in November.* Eu vou para o Canadá em novembro.
December	[di **cem**ber]	dezembro	*There are usually a lot of people in the streets in December.* Geralmente há muitas pessoas nas ruas em dezembro.

Estações do ano *Seasons*

season	[**siz**'n]	estação do ano	*There are four seasons in the year.* Há quatro estações no ano.
winter	[**ui**nter]	inverno	*Winter starts in June in Brazil.* O inverno começa em junho no Brasil.
spring	[spring]	primavera	*My favorite season is spring.* Minha estação favorita é a primavera.
summer	[**sã**mer]	verão	*I usually go to the beach in the summer.* Eu geralmente vou à praia no verão.
fall	[fól]	outono	*Many birds migrate in the fall.* Muitos pássaros migram no outono.

EXERCÍCIO A

Coloque as letras em ordem e forme as palavras.

1. arayjnu _January_
2. renovmeb _____
3. amy _____
4. pilra _____
5. tugaus _____
6. yluj _____
7. hamrc _____
8. mepstrebe _____
9. becredme _____
10. botcoe _____
11. ebayfrur _____
12. enju _____

EXERCÍCIO B

Escreva o nome da estação do ano abaixo da figura correspondente.

1._____

2._____

3._____

4._____

LIÇÃO 18

O clima
The weather

	pronúncia	definição	exemplo
cloud/cloudy	[klaud/klaudi]	nuvem/nublado	*It's cloudy today.* O dia está nublado hoje.
cold	[kold]	frio	*It's usually cold in Alaska.* É geralmente frio no Alasca.
dry	[drai]	seco	*The Sahara desert is very dry.* O deserto do Saara é muito seco.
cool	[kul]	fresco	*It's cool now.* Está fresco agora.
fog/foggy	[fog/fógui]	neblina/ com neblina	*I can't see very well because of the fog.* Eu não consigo ver bem por causa da neblina.
freezing	[frizin]	congelante	*It was freezing yesterday.* O dia estava muito frio ontem.
heat	[hit]	calor	*I can't stand the heat.* Eu não suporto o calor.
hot	[hot]	quente	*It's usually hot in Rio.* Normalmente é quente no Rio.
humid	[hiumid]	úmido	*The weather is very humid now.* O tempo está bem úmido agora.
rain/rainy	[rein/reini]	chuva/chuvoso	*It rains a lot in the Amazon forests.* Chove muito nas florestas do Amazonas.
snow/snowy	[snou/snoui]	neve/com neve	*It usually snows in New York in January.* Geralmente neva em Nova York em janeiro.
storm	[storm]	tempestade	*The road is closed because of the storm.* A rodovia está fechada por causa da tempestade.
sun/sunny	[san/sani]	sol/ensolarado	*It's a beautiful sunny day.* Está um dia lindo e ensolarado.
wind/windy	[uind/uindi]	vento/com vento	*The wind is strong now.* O vento está forte agora.
temperature	[temperetc.her]	temperatura	*The temperature is high today.* A temperatura está alta hoje.
degree	[di gri]	grau	*It's twenty degrees now.* Está 20 graus agora.
Celsius	[selsi ess]	Celsius	*It's thirty five degrees Celsius.* Está 35 graus Celsius.
Fahrenheit	[féren rait]	Fahrenheit	*It's seventy degrees Fahrenheit.* Está 70 graus Fahrenheit [21 graus Celsius].
weather	[uédher]	tempo (clima)	*The weather is good today.* O tempo está bom hoje.

EXERCÍCIO A

Complete as frases a respeito do tempo utilizando as palavras abaixo.

[ ] hot [ ] snowy [ ] sunny [ ] foggy [ ] dry
[ ] cold [ ] Fahrenheit [ ] degrees [ ] windy [X] rainy

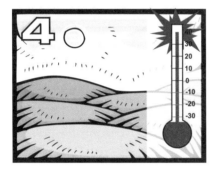  

1. It's a _rainy_ day today.
2. The weather is _____ and _____.
3. The day is _____ and _____.
4. The weather is very _____ and the temperature is forty _____ Celsius.
5. The weather is _____ and the temperature is thirty two degrees _____.
6. The weather is _____.

EXERCÍCIO B

Escolha a palavra mais adequada e complete as frases.

1. It's sunny now but it's probably going to _rain_ in the afternoon. (rain; fog)
2. In summer it's _____. (cold; hot)
3. It's winter in Alaska and it's _____. (freezing; sun)
4. In the fall the weather is usually _____. (heat; cool)
5. She turned on the air conditioner because of the _____. (heat; hot)
6. I heard on the radio we're going to have a big _____ today. (windy; storm)
7. You don't need your sunglasses now because it's _____. (windy; cloudy)
8. In the Amazon it rains almost every day and the weather is very _____ (humid; dry)

LIÇÃO 19

Advérbios, preposições etc. 1
Adverbs, prepositions etc. 1

	pronúncia	definição	exemplo
about	[e **bau**t]	a respeito de	*He's reading a book about a dog.* Ele está lendo um livro a respeito de um cachorro.
again	[e **guén**]	mais uma vez, de novo, outra vez	*Please say it again.* Por favor, diga de novo.
ago	[e **gou**]	atrás (no sentido de tempo)	*Andrew went to Europe two years ago.* O Andrew foi para a Europa dois anos atrás.
all	[**óul**]	completamente, totalmente	*He was all alone.* Ele estava totalmente sozinho.
almost	[**óul**moust]	quase	*The course is almost finished.* O curso está quase terminando.
always	[**óul** ueiz]	sempre	*I always go to the supermarket on Saturdays.* Eu sempre vou ao supermercado aos domingos.
down	[daun]	abaixo, para baixo	*The price of gas is going down.* O preço da gasolina está caindo.
every (day)	[**é**vri]	todo (dia)	*He drinks milk every day.* Ele bebe leite todo dia.
in (a long time)	[in]	em	*Chris will finish the presentation in twenty minutes.* O Chris vai terminar a apresentação em vinte minutos.
maybe	[**mei**bi]	talvez	*Maybe he's right.* Talvez ele esteja certo.
more	[**mór**]	mais	*The government needs more money.* O governo precisa de mais dinheiro.
never	[**né**ver]	nunca	*I never watch TV in the morning.* Eu nunca assisto à TV de manhã.
no	[nou]	não	*I can eat no more.* Eu não consigo mais comer.
once	[u**anss**]	uma vez	*Jeff came here once.* O Jeff veio aqui uma vez.
only	[**on**li]	somente	*He went there only to buy a book.* Ele foi lá somente para comprar um livro.
really	[**ri**li]	realmente	*I'm really tired.* Eu estou realmente cansado.
sometimes	[sam **tai**mz]	de vez em quando	*Sometimes I go out during the week.* Às vezes eu saio durante a semana.
together	[te **gué**der]	juntos	*Let's stay together.* Vamos ficar juntos.
too	[tu]	também	*I'm hungry, and she's hungry, too.* Eu estou com fome, e ela está com fome também.
up	[ãp]	para cima	*He looked up and saw the plane.* Ele olhou para cima e viu o avião.
usually	[**iu**ju eli]	usualmente, comumente	*I usually drive to work.* Eu geralmente dirijo para o trabalho.
here	[**ri**er]	aqui, cá	*She doesn't work here.* Ela não trabalha aqui.
there	[**dhér**]	lá, ali	*Your key is there.* Sua chave está ali.

EXERCÍCIO A

Encontre a primeira letra das palavras abaixo e escreva-as.

1. *always*
2. _____
3. _____
4. _____
5. _____
6. _____
7. _____
8. _____
9. _____
10. _____

EXERCÍCIO B

Complete as frases com as palavras do exercício A.

1. The food in this restaurant is _really_ good.
2. He _____ has lunch at home, but he usually eats in restaurants.
3. I went to Rio last holiday and I'm going there _____ this holiday.
4. He goes to the club _____ day.
5. I have _____ been to Japan but I plan to go there some day.
6. What time do you _____ go to work? At eight o'clock, but sometimes I go later.
7. The inflation is _____ this year compared to last year's. Now it's only one per cent and last year it was five per cent.
8. I saw a movie _____ a revolution yesterday.
9. Carol is not feeling well. _____ she's sick.
10. My dog eats a lot. He's _____ hungry.

LIÇÃO 20

Lojas
Stores

	pronúncia	definição	exemplo
bakery	[**bei**keri]	padaria	*Robert went to the bakery to buy some bread.* O Robert foi à padaria para comprar pão.
bank	[bank]	banco	*I'm going to the bank to pay the bill.* Eu vou ao banco para pagar a conta.
butcher's	[**bu**tcherz]	açougue	*He usually buys meat at the butcher's.* Ele geralmente compra carne no açougue.
clothing store	[**klou**zhing] [stór]	loja de roupas	*There are many clothing stores in this mall.* Há muitas lojas de roupas neste shopping.
department store	[di **part**ment] [stór]	loja de departamentos	*Macy's is a big department store.* A Macy's é uma grande loja de departmentos.
drugstore	[drăg stór]	farmácia	*Kate went to the drugstore to buy some medicine.* A Kate foi à farmácia para comprar remédio.
flower shop	[**flau**er] [chóp]	floricultura	*There is a nice flower shop near my house.* Há uma boa floricultura perto da minha casa.
furniture store	[**făr**nitcher] [stór]	loja de móveis	*I'm going to the furniture store to buy a new sofa.* Eu vou à loja de móveis para comprar um sofá novo.
gas station	[gas] [steich'n]	posto de gasolina	*The next gas station is not very far.* O próximo posto de gasolina não fica muito longe.
grocery store	[**grou**sseri stór]	armazém	*She went to the grocery store to buy some cereals.* Ela foi ao armazém para comprar cereais.
hairdresser's/ beauty shop	[hér **dré**sser]/ [**biu**ti [chóp]	salão de cabeleireiro	*There's a hairdresser's on this street.* Há um salão de cabeleireiro nesta rua.
jeweler's	[**dju** e ler]	joalheria	*This jeweler's is very expensive.* Esta joalheria é muito cara.
music store	[**miu**zik] [stór]	loja de música	*I'm going to the music store to buy a CD.* Eu vou à loja de música para comprar um CD.
newsstand	[nuz stand]	banca de jornais	*He buys the newspaper at the newsstand.* Ele compra o jornal na banca [de jornais].
pet shop	[pet] [chóp]	loja de animais de estimação	*Pat went to the pet shop to buy dog food.* A Pat foi à loja de animais para comprar comida para cachorro.
post office	[post] [ófis]	correio	*You can buy stamps at the post office.* Você pode comprar selos no correio.
shoe store	[chu] [stór]	loja de sapatos	*He wants to open a shoe store.* Ele quer abrir uma loja de sapatos.
sports store	[spórts] [stór]	loja de material esportivo	*They bought the ball at the sports store.* Eles compraram a bola na loja de material esportivo.
stationery store	[**steiche** neri] [stór]	papelaria	*This stationery store has many different kinds of pens.* Esta papelaria tem muitos tipos diferentes de caneta.
supermarket	[super **mar**ket]	supermercado	*I need to go to the supermarket to buy milk.* Eu preciso ir ao supermercado para comprar leite.

EXERCÍCIO A

Conecte as frases às lojas.

1. The place where you buy pet food.
2. The place where you buy magazines.
3. The place where you buy CDs.
4. The place where you buy meat.
5. The place where you buy flowers.
6. The place where you buy shoes.
7. The place where you buy tables and chairs.
8. The place where you buy stamps.

newsstand
shoe store
furniture store
pet shop
post office
flower shop
butcher's
music store

EXERCÍCIO B

Complete as palavras.

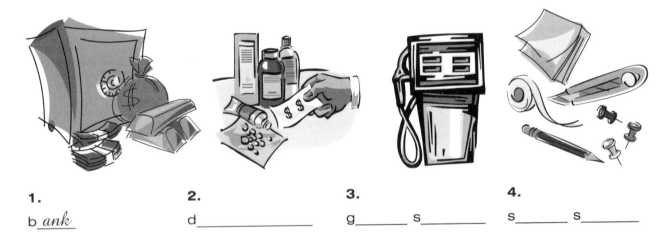

1. b _ank_
2. d_____
3. g_____ s_____
4. s_____ s_____

5. b_____
6. s_____
7. h_____
8. j_____

LIÇÃO 21

Roupas e acessórios
Clothes and accessories

	pronúncia	**definição**	**exemplo**
blouse	[blouss] ou [blouz]	blusa	*Her blouse is pink.* A blusa dela é rosa.
coat	[kout]	casaco	*You'd better wear a coat because it's cold.* É melhor você vestir um casaco, porque está frio.
dress	[dres]	vestido	*Sarah was wearing a blue dress at the party.* A Sarah estava vestindo um vestido azul na festa.
(a pair of) glasses	[**gla**ssez]	óculos	*He bought a new pair of glasses.* Ele comprou óculos novos.
hat	[hat]	chapéu	*Hats were very popular in the 1950s.* Os chapéus eram muito populares nos anos 50.
jacket	[**dja**ket]	jaqueta, paletó	*Jeff bought an expensive jacket.* O Jeff comprou uma jaqueta cara.
(a pair of) jeans	[djinz]	jeans	*Your jeans are very beautiful.* Seu jeans é muito bonito.
(a pair of) pants	[pants]	calças	*I need to buy new pants.* Eu preciso comprar calças novas.
purse	[pãrs]	bolsa	*She put her documents in her purse.* Ela colocou seus documentos na bolsa.
ring	[ring]	anel, aliança	*This is a beautiful diamond ring.* Este é um lindo anel de brilhantes.
shirt	[chãrt]	camisa	*I'm going to the mall to buy a shirt.* Eu vou ao shopping para comprar uma camisa.
shoe	[chu]	sapato	*Where did you buy your shoes?* Onde você comprou seus sapatos?
skirt	[skãrt]	saia	*Sandra is wearing a brown skirt.* A Sandra está vestindo saia marrom.
shorts	[chorts]	short, calção	*He bought shorts to play soccer.* Ele comprou calção para jogar futebol.
sneakers	[**sni**kers]	tênis (calçado)	*He bought sneakers to jog in the park.* Ele comprou um par de tênis para correr no parque.
sock	[sok]	meia	*I need new socks.* Eu preciso de meias novas.
suit	[sut]	terno	*He's wearing a black suit.* Ele está vestindo terno preto.
T-shirt	[**ti** shãrt]	camiseta	*T-shirts are very practical.* Camisetas são muito práticas.
underwear	[**an**der uér]	roupa de baixo	*She washed her underwear in the hotel.* Ela lavou sua roupa de baixo no hotel.
wallet	[u**ó**let]	carteira	*I can't find my wallet.* Eu não consigo achar minha carteira.
watch	[u**ó**tch]	relógio	*Swiss watches are very good.* Relógios suíços são muito bons.
boot	[but]	bota	*Those boots are made for walking.* Estas botas foram feitas para pisar.
glove	[glãv]	luva	*I'm not wearing gloves.* Não estou de luvas.

EXERCÍCIO A

O que eles estão vestindo? Veja as figuras e complete as palavras.

She's wearing:

1. s k i r t
2. b _ _ _ e
3. g _ _ _ _ _ s
4. s _ _ s
5. r _ _ g

He's wearing:

6. s _ _ _ _ s
7. T- _ _ _ _ t
8. s _ _ _ s
9. s _ _ _ s
10. w _ _ _ h

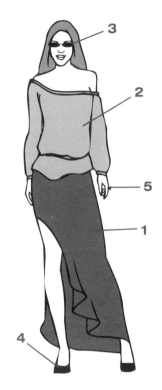
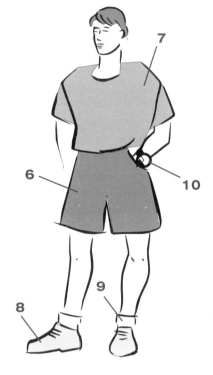

EXERCÍCIO B

Coloque as letras em ordem e forme as palavras.

1. taco — coat
2. kajtec — _____
3. werunedra — _____
4. ath — _____
5. sepru — _____
6. lewalt — _____
7. tobo — _____
8. situ — _____
9. serds — _____
10. tapsn — _____

LIÇÃO 22

Cores, pesos, medidas, tamanhos e formas
Colors, weights, measures, sizes and shapes

Cores *Colors*

	pronúncia	definição	exemplo
color	[**kó**lor]	cor	*What color is your car?* De que cor é o seu carro?
black	[blak]	preto	*He has black hair.* Ele tem cabelo preto.
blue	[blu]	azul	*Mary has blue eyes.* A Mary tem olhos azuis.
brown	[braun]	marrom	*His jacket is brown.* A jaqueta dele é marrom.
gray	[grei]	cinza	*The document is on the gray table.* O documento está na mesa cinza.
green	[grin]	verde	*The grass is green now.* A grama está verde agora.
orange	[**ó**rendj]	laranja	*He bought an orange shirt.* Ele comprou uma camisa laranja.
pink	[pink]	rosa	*She has a pink watch.* Ele tem um relógio rosa.
red	[red]	vermelho	*His eyes are red.* Os olhos dele estão vermelhos.
white	[u**ai**t]	branco	*I have an old black and white TV.* Eu tenho uma TV preto-e-branco antiga.
yellow	[i**é**lou]	amarelo	*He gave her a yellow flower.* Ele lhe deu uma flor amarela.

Tamanhos *Sizes*

size	[saiz]	tamanho	*They don't have these pants in your size.* Eles não têm essas calça do seu tamanho.
small	[smol]	pequeno	*He has a small car.* Ele tem um carro pequeno.
medium	[**mi**di em]	médio	*The size of this blouse is medium.* O tamanho desta blusa é médio.
large/ extra large	[lardj]/ [**éc**stre [lardj]	grande/ extra grande	*She wears large pants.* Ela veste calças grandes.

Peso, medidas e formas *Weight, measures and shapes*

measurement	[**mé**jerment]	medida	*I need to know the measurements of the mattress.* Eu preciso saber as medidas do colchão.
weight	[u**ei**t]	peso	*They have the same weight.* Eles têm o mesmo peso.
shape	[cheip]	formato	*This cake comes in differente shapes.* Este bolo vem em formatos diferentes.
kilo	[**ki**lou]	quilo	*I bought a kilo of potatoes.* Eu comprei um quilo de batata.
pound	[paund]	libra (peso)	*This baby weighs ten pounds.* Este bebê pesa dez libras [4,5 quilos].
kilometer	[ki **ló**meter]	quilômetro	*He drove for twenty kilometers.* Ele dirigiu por vinte quilômetros.

55

mile	[**ma**il]	milha	*He travelled many miles to come here.*
			Ele viajou muitas milhas para vir para cá.
foot (plural = feet)	[fut]	pé (comprimento)	*He's six feet tall.*
			Ele tem seis pés [1,82 metro] de altura.
meter	[**mi**ter]	metro	*The room is five meters long.*
			O quarto tem cinco metros de comprimento.
inch	[intch]	polegada	*My TV is twenty inches wide.*
			Minha TV tem vinte polegadas de largura.
square	[sku**ér**]	quadrado	*The building has two thousand square meters of free space.*
			O prédio tem 2 mil metros quadrados de espaço livre.
round	[raund]	redondo	*They sat at a round table.*
			Eles se sentaram a uma mesa redonda.

EXERCÍCIO A

Encontre as cores no quadro e escreva o nome de cada uma delas ao lado da respectiva figura.

A	N	Q	S	A	I	P	K	A	X	Y
I	K	I	F	Z	G	R	E	E	N	L
W	H	I	T	E	P	X	N	V	A	A
F	W	Y	L	L	B	O	T	W	I	L
O	A	E	T	R	R	R	E	A	M	B
B	R	L	P	A	A	A	S	O	N	C
L	P	L	F	I	F	N	I	B	O	B
A	O	O	X	R	O	G	R	R	Y	L
C	S	W	M	F	R	E	K	O	R	U
K	R	D	G	C	E	P	Z	W	R	E
D	S	L	F	N	D	A	A	N	S	P

1. *yellow*

2. _____

3. _____

4. _____

5. _____

6. _____

7. _____

8. _____

EXERCÍCIO B

Conecte os símbolos às palavras.

1. lb — miles per hour
2. kg — pound
3. in — small
4. m² — foot/feet
5. ft — kilogram
6. S — extra large
7. mph — inch
8. XL — square meter

56

LIÇÃO 23

Dinheiro e negócios
Money and business

	pronúncia	definição	exemplo
account	[e **ka**unt]	conta	*John has an account in this bank.* O John tem conta neste banco.
bill	[bil]	nota, cédula; conta	*I need to pay the phone bill.* Eu preciso pagar a conta de telefone.
business	[**bi**znes]	negócio	*Mrs. Brown is doing business in Germany.* A sra. Brown está fazendo negócios na Alemanha.
business person	[**bi**znes] [**per**son]	homem/mulher de negócios	*Mr. Thompson is a famous businessperson.* O sr. Thompson é um homem de négócios famoso.
cash (a check)	[kach]	converter em dinheiro (um cheque)	*I need to cash this check.* Eu preciso descontar este cheque.
change	[iks **tchein**dj]	troca, trocar	*I need to change some dollars into euros.* Eu preciso trocar uns dólares por euros.
check	[tchék]	cheque	*She paid the bill by check.* Ele pagou a conta em cheque.
coin	[kóin]	moeda	*Do you have any coins?* Você tem alguma moeda?
credit card	[**kré**dit] [kard]	cartão de crédito	*Paul has three credit cards.* O Paul tem três cartões de crédito.
currency	[**ká**rensi]	moeda (de um país)	*The currency of Brazil is called real.* A moeda do Brasil se chama real.
debt	[dét]	débito, dívida	*I need to pay my debts.* Eu preciso pagar minhas dívidas.
deposit	[di **pó**zit]	depositar/depósito	*Tina is going to the bank to deposit some money.* A Tina vai ao banco para depositar um dinheiro.
develop	[di **vé**lep]	desenvolver	*Canada is a developed country.* O Canadá é um país desenvolvido.
industry	[**ín**destri]	indústria (setor industrial)	*She works in the fashion industry.* Ela trabalha na indústria da moda.
inflation	[in **flei**ch'n]	inflação	*The inflation in Japan is very low.* A inflação no Japão é bem baixa.
interest	[**in**trest]	juro	*If you want to get a loan you will have to pay interest.* Se você quiser um empréstimo, terá de pagar juros.
invest/ investment	[in **vést**]	investir/ investimento	*She invests her money in the stock market.* Ela investe seu dinheiro no mercado de ações.
loan	[loun]	emprestar/empréstimo (dinheiro)	*Paul went to the bank to get a loan.* O Paul foi ao banco para conseguir um empréstimo.
make (money)	[meik]	ganhar (dinheiro)	*Some artists make a lot of money.* Alguns artistas ganham muito dinheiro.
market	[**mar**ket]	mercado	*There is a big market for this product.* Há um grande mercado para esse produto.
money	[**mã**ni]	dinheiro	*She doesn't have much money.* Ela não tem muito dinheiro.
owner	[**ou**ner]	proprietário	*Mr. Black is the owner of the company.* O sr. Black é o proprietário da empresa.

57

produce	[pre **dus**]	produzir	*They produce a lot of cars.* Eles produzem muitos carros.
profit	[**pró**fit]	lucro	*The company is going to make a profit this year.* A companhia vai ter lucro este ano.
sell	[sél]	vender	*I want to sell my car.* Eu quero vender meu carro.
spend	[spend]	gastar	*They spend a lot of money on electricity.* Eles gastam muito dinheiro com eletricidade.

EXERCÍCIO A

Complete as frases com as palavras abaixo.

[ ] inflation   [ ] invest   [ ] currency   [ ] credit card

[X] sell   [ ] spends   [ ] change   [ ] produces

1. Mark wants to *sell* his house. He needs some money.
2. My sister _____ a lot of money on clothes. She loves to buy clothes.
3. You can pay with your _____.
4. I'm going to _____ some dollars into yens at the airport.
5. They _____ in properties. They say it's a good way to make money.
6. The _____ rate this month is 0.15%. Prices haven't gone up very much.
7. Japan _____ a lot of electronic goods.
8. The _____ of France is Euro.

EXERCÍCIO B

Escolha a palavra mais adequada e complete as frases.

1. The *interest* rate for the loan is 8% per year. (interest; profit)
2. This gas station does not accept _____. (debts; checks)
3. Mr. Roberts is the owner of a big company. He's an important _____. (trade; businessperson)
4. My father will _____ $500 in my account. (deposit; develop)
5. I need some _____ to use the vending machine. (checks; coins)
6. I got a loan to buy a house. Now I have a big _____ with the bank. (industry; debt)
7. He usually pays his _____ using internet banking. (bills; deposits)
8. The _____ for this product in Brazil is much larger than in Uruguay. (market; cash)

LIÇÃO 24

Compras e meios de transporte
Shopping and transportation

Compras Shopping

	pronúncia	definição	exemplo
browse	[brauz]	olhar sem compromisso	I'm just browsing, thanks. Eu estou apenas olhando, obrigado.
buy	[bai]	comprar	I need to buy new shoes. Eu preciso comprar sapatos novos.
(in) cash	[kach]	(em) dinheiro (pagamento à vista)	If you pay in cash you will get a discount. Se você pagar em dinheiro, ganhará um desconto.
cashier	[kachier]	caixa	I need to go to the cashier to pay for the DVD. Eu preciso ir ao caixa para pagar o DVD.
change	[tcheindj]	trocar	Carla wants to change her present. A Carla quer trocar o presente dela.
charge	[tchardj]	debitar, cobrar	Please charge it to my credit card. Por favor, debite do meu cartão de crédito.
cost	[kóst]	custar	How much does this watch cost? Quanto custa este relógio?
credit card	[krédit] [kard]	cartão de crédito	Sam has three credit cards. O Sam tem três cartões de crédito.
discount	[dis kaunt]	desconto	He gave me a nice discount. Ele me deu um bom desconto.
how many	[hau] [méni]	quantos (contáveis)	How many books did you buy? Quantos livros você comprou?
how much	[hau] [mãtch]	quanto (incontável)	How much did you pay for this car? Quanto você pagou por este carro?
pay	[pei]	pagar	Please pay at the cashier. Por favor, pague no caixa.
price	[prais]	preço	What's the price of these tennis shoes? Qual o preço deste par de tênis?
receipt	[rissit]	recibo	Did you get a receipt? Você pegou um recibo?
(on) sale	[seil]	(em) liquidação	The CDs are on sale, 20% off. Os CD estão em liquidação, 20% de desconto.
shop/store	[chóp]/[stór]	loja	There is a new shop on this street. Há um loja nova nesta rua.
size	[saiz]	tamanho	What size shirt do you wear? Que tamanho de camisa você usa?
take	[teik]	levar	I will take it, please. Vou levar, por favor.
try on	[trai on]	experimentar	Can I try this blouse on? Posso experimentar esta blusa?

Transporte/Transportation

(air)plane	[plein]	avião	Planes are much faster than trains. Os aviões são muito mais rápidos que os trens.
bicycle (bike)	[bai sik'l]	bicicleta	I want to buy a new bicycle. Eu quero comprar uma bicicleta nova.

boat	[bout]	barco	*Sam has a big boat.* O Sam tem um barco grande.
bus	[bãs]	ônibus	*Sandra goes to work by bus.* A Sandra vai ao trabalho de ônibus.
car	[kar]	carro	*Jeff has a nice car.* O Jeff tem um bom carro.
helicopter	[héli **kóp**ter]	helicóptero	*The hospital has a helicopter for emergencies.* O hospital tem um helicóptero para emergências.
motorcycle **(motorbike)**	[móter **sai**k'l]	motocicleta	*He likes to ride his motorcycle.* Ele gosta de andar na sua moto.
ship	[chip]	navio	*This country exports a lot of products by ship.* Este país exporta muitos produtos por navio.
subway	[**sãb** uei]	metrô	*Let's take the subway!* Vamos pegar o metrô!
train	[trein]	trem	*They prefer to travel by train.* Eles preferem viajar de trem.

EXERCÍCIO A

Complete a história com as palavras abaixo.

[ ] take   [ ] credit card   [ ] pay   [ ] size   [ ] receipt

[ ] tried on   [X] buy   [ ] stores   [ ] cost   [ ] price

Yesterday I went to the mall to (1) *buy* a shirt. I went to some (2) _____ and found a beautiful one. I asked about the (3) _____ and the salesperson told me it (4) _____ $80. She asked what (5) _____ I wore and I told her it was medium. She brought me the shirt and I (6) _____ it ____. It was perfect and I decided to (7) _____ it. I went to the checker to (8) _____ for it. I paid with my (9) _____ and asked for a (10) _____.

EXERCÍCIO B

Escreva o nome do meio de transporte ao lado da figura correspondente.

1. _____*bicycle*_____

2. _____

3. _____

4. _____

5. _____

6. _____

7. _____

8. _____

9. _____

10. _____

LIÇÃO 25

Países, continentes e nacionalidades
Countries, continents and nationalities

Países *Countries*

	pronúncia	definição	exemplo
Argentina	[ardjen **ti**na]	Argentina	*We import wine from Argentina.* Nós importamos vinho da Argentina.
Australia	[óu **strei**li a]	Austrália	*Sarah was born in Australia.* A Sarah nasceu na Austrália.
Brazil	[bre**zil**]	Brasil	*Brazil is the largest country in South America.* O Brasil é o maior país da América do Sul.
Canada	[**ka**nada]	Canadá	*Canada has many wild animals.* O Canadá tem muitos animais selvagens.
China	[**tchai**na]	China	*China exports a lot of products.* A China exporta muitos produtos.
England	[**in**glend]	Inglaterra	*They're moving to England next month.* Eles vão se mudar para a Inglaterra no mês que vem.
France	[frans]	França	*He's going to France tomorrow.* Ele vai para a França amanhã.
Germany	[**djár**meni]	Alemanha	*Phil lives in Germany.* O Phil mora na Alemanha.
India	[**in**di a]	Índia	*India has a big population.* A Índia tem uma população grande.
Japan	[dje **pan**]	Japão	*Japan has a rich culture.* O Japão tem uma cultura rica.
Mexico	[**mé**ksikou]	México	*They usually go to Mexico twice a year.* Eles geralmente vão para o México duas vezes ao ano.
Portugal	[**pór**tchegal]	Portugal	*I would like to visit Portugal.* Eu gostaria de visitar Portugal.
Russia	[**rá**chea]	Rússia	*Russia is a big country.* A Rússia é um país grande.
Spain	[spein]	Espanha	*I have some relatives in Spain.* Eu tenho alguns parentes na Espanha.
United States	[iu **nai**ted steits]	Estados Unidos	*She has some friends in the United States.* Ela tem alguns amigos nos Estados Unidos.

Continentes *Continents*

Africa	[**a**frika]	África	*He went to Africa last year.* Ele foi para a África no ano passado.
America	[a **mé**rika]	América	*Canada is in North America.* O Canadá fica na América do Norte.
Asia	[**ei**jia]	Ásia	*There are many countries in Asia.* Há muitos países na Ásia.
Europe	[**iu**rep]	Europa	*She's travelling to Europe tonight.* Ela vai viajar para a Europa hoje à noite.

Nacionalidades e idiomas *Nationalities and languages*

American	[a **mé**riken]	americano	*This equipment is American.* Este equipamento é americano.
Argentinean	[ardjen **ti** ni en]	argentino	*Mario is Argentinean.* O Mario é argentino.

61

Australian	[au **strei**li en]	australiano	*This actor is Australian.* Esse ator é australiano.
Brazilian	[bre**zi**lien]	brasileiro	*Paulo is Brazilian.* O Paulo é brasileiro.
British	[**bri**tich]	britânico (nac.)	*Mr. Anderson is British.* O sr. Anderson é britânico.
Canadian	[ka **nei**di en]	canadense	*Mrs. Brown is Canadian.* A sra. Brown é canadense.
Chinese	[tchai **niz**] ou [thai **niss**]	chinês	*He bought a Chinese camera.* Ele comprou uma câmera chinesa.
French	[**fré**ntch]	francês	*He doesn't speak French.* Ele não fala francês.
German	[**djä**rmen]	alemão	*This is a German car.* Este é um carro alemão.
Indian	[**in**di en]	indiano	*I love Indian food.* Eu adoro comida indiana.
Japanese	[**dja**pe niz]	japonês	*My friend Tanaka is Japanese.* Meu amigo Tanaka é japonês.
Mexican	[**mék**siken]	mexicano	*They went to a Mexican restaurant.* Eles foram a um restaurante mexicano.
Portuguese	[**pór**tche guiz]	português	*He can't speak Portuguese.* Ele não sabe falar português.
Russian	[**rä**ch'n]	russo	*Mark speaks Russian very well.* O Mark fala russo muito bem.
Spanish	[**spa**nich]	espanhol	*I'm learning Spanish.* Eu estou aprendendo espanhol.

EXERCÍCIO A

Leia as frases e completes palavras cruzadas.

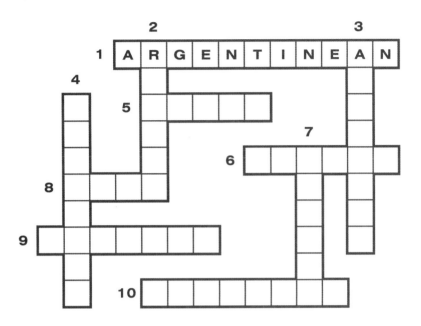

Horizontal

1. He comes from Argentina. He's *Argentinean*.
5. Mr. and Mrs. Louzada are Spanish. They were born in _____.
6. My friend is Brazilian. He comes from _____.
8. China is in _____.
9. Karen is German. She was born in _____.
10. They're from Canada. They're _____.

Vertical

2. He's Russian. He was born in _____.
3. Sally is from the United States. She's _____.
4. Mr. Yokiro is from Japan. He's _____.
7. Congo is in _____.

EXERCÍCIO B

Complete o quadro com a nacionalidade e a língua oficial do país.

	country	nationality	official language
1.	The United States	*American*	*English*
2.	Brazil		
3.	France		
4.	Mexico		
5.	Australia		
6.	Portugal		
7.	China		
8.	England		

LIÇÃO 26

Trabalho e escritório
Work and office

	pronúncia	definição	exemplo
appointment	[a **pói**ntment]	compromisso, hora marcada	*Mr. Biggs has many appointments today.* O sr. Biggs tem muitos compromissos hoje.
boss	[bós]	chefe	*My boss is very competent.* Meu chefe é muito competente.
call	[kól]	ligação, ligar	*I need to call my boss.* Eu preciso ligar para meu chefe.
company	[**kam**peni]	empresa	*Ford is a big company.* A Ford é uma empresa grande.
computer	[kem **piu**ter]	computador	*This company has lots of computers.* Esta empresa tem muitos computadores.
contract	[**kón** trakt]	contrato	*They're going to sign the contract in the meeting.* Eles vão assinar o contrato na reunião.
department	[di **part**ment]	departamento	*Peter works in the sales department.* O Peter trabalha no departamento de vendas.
desk	[desk]	mesa (escrivaninha)	*The document is on my desk.* O documento está na minha mesa.
director	[di **rék**ter] ou [dai **rék**ter]	diretor	*He's the director of the company.* Ele é o diretor da empresa.
document	[**dó**kiument]	documento	*I need to read the documents.* Eu preciso ler os documentos.
factory	[**fák**teri]	fábrica	*My company is building a new factory.* Minha empesa está construindo uma nova fábrica.
fax machine	[faks] [ma **chin**]	aparellho de fax	*The fax machine is not working.* O aparelho de fax não está funcionando.
interview	[**in**ter viu]	entrevista	*She has two interviews tomorrow.* Ela tem duas entrevistas amanhã.
manager	[**ma**nidjer]	gerente	*Can I speak to the manager, please?* Posso falar com o gerente, por favor?
manufacture	[maniu **fak**tcher]	produzir	*This company manufactures a lot of shoes.* Esta empresa produz muitos sapatos.
meeting	[**mi**ting]	reunião	*I have two meetings tomorrow.* Eu tenho duas reuniões amanhã.
message	[**mé**ssidj]	mensagem	*Would you like to leave a message?* Você gostaria de deixar recado?
office	[**ó**fis]	escritório	*My office is near the bank.* Meu escritório é próximo ao banco.
paper	[**pei**per]	papel	*He needs to sign some papers.* Ele precisa assinar alguns papéis.
pen	[pen]	caneta	*My pen is on my desk.* Minha caneta está na minha mesa.
pencil	[**pé**nsil]	lapis	*I wrote the message with a pencil.* Eu escrevi o recado a lápis.
(cell) phone	[sél] [foun]	telefone (celular)	*My phone is ringing.* Meu telefone está tocando.

65

plan	[plan]	plano	*He has a good plan for the new product.* Ele tem um bom plano para o novo produto.
presentation	[prez'n **tei**ch'n]	apresentação	*She's making a presentation for the managers.* Ele está fazendo uma apresentação para os gerentes.
report	[ri **pórt**]	relatório	*I need to write the reports today.* Eu preciso escrever os relatórios hoje.
salary	[**sa**leri]	salário	*Mary has a good salary.* A Mary tem um bom salário.
schedule	[**ské**djul]	horário	*I need to check my schedule for tomorrow.* Eu preciso verificar meu horário para amanhã.
secretary	[**sé**kri teri]	secretário(a)	*He has no secretary.* Ele não tem secretária.
visit/visitor	[**vi**zit]/ [**vi**ziter]	visita/visitante	*I'm going to visit the company tomorrow.* Eu vou visitar a empresa amanhã.
worker	[**ua~**rker]	trabalhador	*He's an excellent worker.* Ele é um trabalhador excelente.

EXERCÍCIO A

Identifique os objetos de escritório.

1. _computer_   2. _____   3. _____   4. _____

5. _____   6. _____   7. _____   8. _____

67

EXERCÍCIO B

Escolha a palavra mais adequada e complete as frases.

1. Brad is going to make a _presentation_ to explain the project. (presentation; salary)
2. Andrea is _____ the company. (playing; visiting)
3. I left a _____ because he was not at the office. (plan; message)
4. We're having a _____ at 3 p.m. (meeting; report)
5. I receive my _____ on the last day of the month. (salary; interview)
6. The company has an _____ in Miami. (contract; office)
7. I want to go on vacation but first I need to talk to my _____. (worker; boss)
8. The company is going to open a new _____ to manufacture the equipment. (factory; schedule)

LIÇÃO 27

Profissões
Jobs

	pronúncia	definição	exemplo
actor	[**ak**ter]	ator	*There are good actors in this film.* Há bons atores nesse filme.
architect	[**ar**ke tekt]	arquiteto	*The architect designed the house.* O arquiteto desenhou a casa.
bank clerk	[bank] [klãrk]	caixa de banco	*The bank clerk exchanged my traveler's checks.* O caixa do banco trocou meus cheques de viagem.
bus driver	[bãs] [**drai**ver]	motorista de ônibus	*The bus driver helped the old lady.* O motorista de ônibus ajudou a velha senhora.
dentist	[**dén**tist]	dentista	*I go to the dentist once a year.* Eu vou ao dentista uma vez por ano.
doctor	[**dók**ter]	médico	*I need to see a doctor.* Eu preciso ver um médico
engineer	[endje **nier**]	engenheiro	*My cousin is an engineer.* Meu primo é engenheiro.
firefighter	[**faier faiter**]	bombeiro	*Firefighters helped in the accident.* Os bombeiros ajudaram no acidente.
hairdresser	[hér **drés**ser]	cabeleireiro	*She's a famous hairdresser.* Ela é uma cabeleireira famosa.
lawyer	[**ló**ier]	advogado	*They're studying to be lawyers.* Eles estão estudando para ser advogados.
postman	[**poust** man]	carteiro	*The postman is bringing the mail.* O carteiro está trazendo a correspondência.
mechanic	[me **ka**nik]	mecânico	*I need to take my car to the mechanic.* Eu preciso levar meu carro ao mecânico.
nurse	[nãrs]	enfermeiro	*Sally wants to be a nurse.* A Sally quer ser enfermeira.
police officer	[pe **lis**] [**ó**fisser]	policial	*Tom is a police officer.* O Tom é policial.
shop assistant	[chóp] [e**ssis**tent]	atendente de loja	*I will call the shop assistant for you.* Eu vou chamar o atendente da loja para você.
teacher	[**ti**tcher]	professor	*Mr. Jackson is a good teacher.* O sr. Jackson é bom professor.
waiter	[u**ei**ter]	garçom	*The waiter is very polite.* O garçom é muito educado.

EXERCÍCIO A

Escreva o nome da profissão abaixo da figura correspondente.

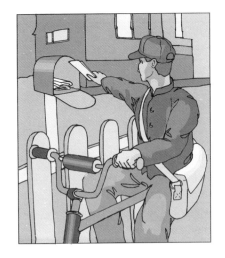  

1. _____postman_____ 2. _____ 3. _____

4. _____ 5. _____ 6. _____

EXERCÍCIO B

As profissões abaixo estão trocadas. Corrija-as escrevendo as profissões corretas.

1. I give lessons in a school. I'm a **waiter**. _teacher_
2. I work in a hospital and I operate on people. I'm a **bank clerk.** _____
3. I serve people in a restaurant. I'm a(n) **actor.** _____
4. I work in films. I'm a **doctor.** _____
5. I fix cars. I'm a **shop assistant.** _____
6. I drive a bus. I'm a **teacher.** _____
7. I work in a bank. I'm a **mechanic.** _____
8. I work in a store. I'm a **bus driver.** _____

LIÇÃO 28

Saúde
Health

	pronúncia	definição	exemplo
broken	[brouken]	quebrado	*His arm is broken.* O braço dele está quebrado.
burn	[bãrn]	queimar	*I'm afraid of burning my hand.* Eu tenho medo de queimar minha mão.
clinic	[**kli**nik]	clínica	*This is a nice clinic.* Esta é uma boa clínica.
(a) cold	[koud]	(um) resfriado	*John's got a cold.* O John está resfriado.
cough	[kóf]	tosse, tossir	*She's coughing a lot.* Ela está tossindo muito.
disease	[di **ziz**]	doença	*Cancer is a serious disease.* O câncer é uma doença séria.
doctor	[**dók**ter]	médico	*My uncle is a very good doctor.* Meu tio é um médico muito bom.
drugstore	[**drãg** stór]	farmácia	*I need to go to the drugstore to buy some medicine.* Eu preciso ir à farmácia para comprar uns remédios.
flu	[flu]	gripe	*I didn't catch the flu last year.* Eu não peguei gripe no ano passado.
headache	[héd **eik**]	dor de cabeça	*I have a terrible headache.* Eu estou com uma dor de cabeça terrível.
health	[**hé**lzh]	saúde	*He's in excellent health.* Ele está com excelente saúde.
hurt	[hãrt]	machucar, doer	*These shoes are hurting my feet.* Estes sapatos estão machucando meus pés.
medicine/ medication	[**mé**dssin]	remédio/ medicação	*Did you take your medication?* Você tomou seus remédios?
nurse	[nãrs]	enfermeiro	*The nurse brought me my dinner.* O enfermeiro me trouxe o jantar.
pain/painful	[pein]	dor/dolorido	*This injection is painful.* Esta injeção é dolorida.
pill	[pil]	comprimido	*You need to take these pills every day.* Você precisa tomar estes comprimidos todo dia.
pregnant	[**pré**gnent]	grávida	*My sister is pregnant.* Minha irmã está grávida.
prescribe/ prescription	[pri **skraib**]/ [pri **skrip**chen]	prescrever/ receita (médica)	*I went to the drugstore with the prescription.* Eu fui à farmácia com a receita.
sick	[sik]	doente	*Melissa didn't come to work today because she's sick.* A Melissa não veio ao trabalho hoje porque está doente.
sore throat	[sór] [zhrout]	dor de garganta	*Janet has a sore throat.* A Janet está com dor de garganta.
stomach ache	[**stã**mek eik]	dor de estômago	*Dont'eat too much! You will have a stomach ache.* Não coma demais! Você vai ter dor de estômago.
toothache	[**tuzh** eik]	dor de dente	*I took an aspirin because I had toothache.* Eu tomei uma aspirina porque estava com dor de dente.
treat/treatment	[trit]/[tritment]	tratar/tratamento	*The doctor is treating my friend.* O médico está tratando meu amigo.

EXERCÍCIO A

Escolha a palavra mais adequada e complete as frases.

1. The nurse is going to __treat__ their father. (treat; prescribe)
2. I need to buy some medicine. I'm going to a _____. (library; drugstore)
3. The doctor gave me a _____. (prescription; report)
4. She's going to have a baby. She's _____. (confused; pregnant)
5. Paula is taking some medicine because she's _____. (sick; happy)
6. I think I have a flu. My body is _____. (painful; broken)

EXERCÍCIO B

Complete as frases.

[ ] stomach ache [ ] headache [ ] sore throat [ ] cold
[ ] burnt [ ] cough [X] toothache [ ] broken

1. She has a _toothache_.

2. She has a _____.

3. She has a _____.

4. He has a _____ leg.

5. She has a _____.

6. He has a bad _____.

7. He _____ her hands.

8. She has a _____.

LIÇÃO 29

Filmes, livros, programas de TV, música etc.
Movies, books, TV programs, music, etc.

	pronúncia	definição	exemplo
watch	[wótch]	assistir	*I want to watch the new movie.* Eu quero assistir ao novo filme.
listen	[liss'n]	escutar	*He's listening to the radio now.* Ele está escutando o rádio agora.
read	[rid]	ler	*I like to read in bed.* Eu gosto de ler na cama.
novel	[nóv'l]	romance (livro)	*I like to read novels.* Eu gosto de ler romances.
news	[nuz]	noticiário	*I watch the news every night.* Eu assisto ao jornal toda noite.
program	[prou gram]	programa	*This is her favorite program.* Este é o programa favorito dela.
video	[vidi ou]	vídeo	*Did you watch the video yesterday?* Você assistiu ao vídeo ontem?
film/movie	[film]/[muvi]	filme	*I watched an excellent film yesterday.* Eu assisti a um filme excelente ontem.
action	[akchen]	ação	*He prefers action films.* Ele prefere filmes de ação.
thriller	[zhriler]	filme de suspense	*They went to the movies to see a thriller.* Eles foram ao cinema para ver um filme de suspense.
horror	[hórer]	horror	*I don't like horror movies.* Eu não gosto de filmes de horror.
drama	[drama]	drama	*This drama won an Oscar.* Esse drama ganhou um Oscar.
adventure	[ed véntcher]	aventura	*She saw a good adventure film.* Ela viu um bom filme de aventura.
comedy	[kómedi]	comédia	*Comedies are my favorite kind of movies.* As comédias são meu tipo preferido de filme.
cartoon (animated movie)	[kar tun]	desenho animado	*Kids love cartoons.* As crianças adoram desenhos animados.
music	[miuzik]	música (em geral)	*I listen to music every day.* Eu ouço música todo dia.
song	[song]	música, canção	*She sang a beautiful song.* Ela cantou uma música linda.
pop	[pop]	popular	*He's a pop artist.* Ele é artista pop.
rock	[rak]	rock	*They're my favourite rock band.* Eles são minha banda de rock favorita.
classical	[klassik'l]	clássico(a)	*Peter loves classical music.* O Peter adora música clássica.
reggae	[re gai]	reggae	*Bob Marley was a reggae singer.* Bob Marley era cantor de reggae.
video game	[vídi ou] [gueim]	videogame	*He bought a new video game.* Ele comprou um novo vídeo game.
theater	[zhi eter]	teatro	*I went to the theater last week.* Eu fui ao teatro na semana passada.

movie theater	[**mu**vi] [**zhi** eter]	cinema	*This mall has twelve movie theaters.* Este shopping tem 12 salas de cinema.
play	[plei]	peça de teatro	*There is a good play on at that theater.* Há uma boa peça naquele teatro.
interview	[**in**ter viu]	entrevista	*Did you see the interview on TV?* Você assistiu a entrevista na TV?
series	[**sir** iz]	seriado	*This channel has some good series.* Este canal tem uns bons seriados.
soap opera	[soup **ó**pera]	novela	*My mother loves to watch the soap opera.* Minha mãe adora assistir à novela.

EXERCÍCIO A

Classifique as palavras abaixo.

[X] pop   [ ] series   [ ] comedy   [ ] news   [ ] thriller
[ ] drama   [ ] reggae   [ ] interview   [ ] action   [ ] rock

music	film	TV program
pop		

EXERCÍCIO B

Complete as frases.

[ ] watching TV   [ ] listening to music   [ ] reading a letter
[ ] playing video game   [X] watching a movie   [ ] watching a play

 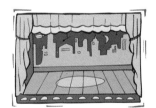 

1. He's _watching a movie_.   2. She's _____.   3. He's _____.

4. They're _____.   5. He's _____.   6. He's _____.

LIÇÃO 30

Viagens, lazer etc.
Trips, leisure, etc.

	pronúncia	**definição**	**exemplo**
beach	[bitch]	praia	*I'm going to the beach on my next vacation.* Eu vou à praia nas minhas próximas férias.
club	[klãb]	clube	*He's going to the club on the weekend.* Ele vai ao clube no final de semana.
country	[**kan**tri]	campo	*He has a nice country house.* Ele tem uma bela casa de campo.
enjoy	[en **djói**]	desfrutar, curtir	*Did you enjoy your trip?* Você gostou da viagem?
fun	[fan]	diversão	*My last trip was a lot of fun.* Minha última viagem foi muito divertida.
information	[infer **mei**ch'n]	informação	*I'm going to ask the police officer for some information.* Eu vou pedir ao policial algumas informações.
map	[map]	mapa	*I need a map to go to the museum.* Eu preciso de um mapa para ir ao museu.
monument	[**mó**niument]	monumento	*Did you take a picture of the monument?* Você tirou uma foto do monumento?
mountain	[**maun**t'n]	montanha	*He prefers to go to the mountains.* Ele prefere ir para as montanhas.
museum	[miu **zi** em]	museu	*There are many museums in this city.* Há muitos museus nesta cidade.
ocean	[**ou**ch'n]	oceano	*I love to see the ocean.* Eu adoro ver o oceano.
park	[park]	parque	*He's going to ride his bike in the park.* Ele vai andar de bicicleta no parque.
picture/photo	[**pik**tcher]/ [**fou**tou]	foto	*Did you take many pictures on you last trip?* Você tirou muitas fotos na sua última viagem?
relax	[ri **laks**]	relaxar	*I'm going to travel because I need to relax.* Eu vou viajar porque preciso relaxar.
rest	[rest]	descansar	*He's resting at the beach.* Ele está descansando na praia.
road	[roud]	estrada	*The road to the montains is dangerous.* A estrada para as montanhas é perigosa.
sea	[si]	mar	*The sea here is very clean.* O mar aqui é bem limpo.
sight/ go sightseeing	[sait]	pontos turísticos/ visitar os pontos turísticos	*I want to go sightseeing tomorrow.* Eu quero ir visitar os pontos turísticos amanhã.
souvenir	[suve **nir**]	lembrança	*I bought some souvenirs for my friends.* Eu comprei umas lembranças para meus amigos.
tour	[tur]	excursão, passeio	*Did you take the tour around the city?* Você fez o passeio pela cidade?
tourist	[**tu**rist]	turista	*There are many tourists in this town.* Há muitos turistas nesta cidade.
travel	[**trav**'l]	viajar	*I love to travel in the summer.* Eu adoro viajar no verão.
trip	[trip]	viagem	*This is my third trip this year.* Esta é minha terceira viagem este ano.

75

vacation	[vei **kei**ch'n]	férias	*I'm going on vacation next week.*
			Eu vou sair de férias na semana que vem.
visit	[**vi**zit]	visitar, visita	*I will visit four cities on my next trip.*
			Eu vou visitar quatro cidades na minha próxima viagem.

EXERCÍCIO A

Complete as palavras cruzadas.

Horizontal

1. I asked the police officer for some _information_.
5. I'm going to the _____ agency to buy my plane ticket.
8. Pão de Açúcar is a famous _____ in Rio.
9. When we arrive in New York, I'm going to take a _____ of the city.

Vertical

2. I love to travel. I think it's a lot of _____.
3. Route 66 is a famous _____ that crosses the United States
4. There are many _____ in Paris. They come from many different countries to visit the city.
6. Did you _____ your last trip? Yes, it was great.
7. The Louvre is a famous _____ in Paris.

EXERCÍCIO B

Complete as frases?

1. He's at the _beach_.
2. They're at the _____.
3. She's in the _____.
4. They're at the _____.
5. He's at the _____.
6. She's at the _____.

LIÇÃO 31

Preposições 2
Prepositions 2

	pronúncia	definição	exemplo
across	[e **krós**]	no outro lado de, através de	*We traveled all across the country.* Nós viajamos de um lado a outro do país.
after	[**af**ter]	depois	*I will go home after I finish the report.* Eu vou para casa depois de terminar o relatório.
at	[at] ou [ét]	em	*I work at home.* Eu trabalho em casa.
around (midnight)	[e **raun**d]	por volta de	*They're coming around midnight.* Ele virão por volta da meia-noite.
before	[bi **fór**]	antes	*We will try all the products before deciding to buy them.* Nós vamos testar todos os produtos antes de decidir comprá-los.
behind	[bi **rrai**nd]	atrás	*She's sitting behind me.* Ela está sentada atrás de mim.
between	[bi **tuin**]	entre	*I was standing between two other men.* Eu estava em pé entre outros dois homens.
by	[bai]	por	He went by boat. Ele foi de barco.
down	[daun]	para baixo	*He ran down the stairs and opened the door.* Ele desceu correndo as escadas e abriu a porta.
except	[ik **sépt**]	exceto	*All the houses are white except this one.* Todas as casas são brancas exceto esta.
for	[for]	para	*She works for a large company.* Ela trabalha para uma grande empresa.
in	[in]	dentro	*The cookies are in the container.* Os biscoitos estão no pote.
in front of	[frant]	em frente a	*The bus is in front of my car.* O ônibus está na frente do meu carro.
of	[ov]	de	*There is a glass of milk on the table.* Há um copo de leite na mesa.
off	[of]	para fora, desligado	*He got off the bus at the next stop.* Ele saiu do ônibus na próxima parada.
on	[on]	sobre	*The pictures are on the wall.* Os quadros estão na parede.
since	[sins]	desde	*Karen has lived in London since 1988.* A Karen mora em Londres desde 1988.
through	[zhru]	através	*I'm looking through the window.* Eu estou olhando através da janela.
under	[**ãn**der]	embaixo de, abaixo de	*The cat is under the table.* O gato está embaixo da mesa.
until	[an **til**]	até	*I'm going to work until 7 p.m. today.* Eu vou trabalhar até às sete da noite hoje
up	[ãp]	para cima	*We climbed up the hill.* Nós subimos o morro.
with	[uizh]	com	*Please come with me!* Por favor, venha comigo!
without	[uizh **aut**]	sem	*I can't work without my computer.* Eu não posso trabalhar sem o meu computador.

EXERCÍCIO A

Complete as frases com as preposições apropriadas.

[ ] in [ ] across [ ] over [ ] under

[ ] behind [ ] in front of [ ] between [X] on

1. The glass is __*on*__ the table.
2. The flowers are _____ the vase.
3. The bridge is _____ the river.
4. She's walking _____ the park.
5. The bicycle is _____ the store.
6. The cat is _____ the chair.
7. The bank is _____ the post office and the hairdresser's.
8. The broom is _____ the door.

EXERCÍCIO B

Escolha a preposição mais apropriada e complete as frases.

1. I usually go to work __*by*__ bus.

   a. on   (b.) by   c. at

2. Tom has been a lawyer _____ five years.

   a. to   b. with   c. for

3. They're going to a bar _____ work.

   a. after   b. with   c. on

4. I prefer to drink coffee _____ sugar.

   a. at   b. since   c. without

5. Candies are bad _____ your teeth.

   a. for   b. by   c. through

6. Everything was going well _____ they found a big problem in the software.

   a. on   b. since   c. until

7. I like all the pictures _____ the big one.

   a. except   b. on   c. of

8. I have lived in this apartment _____ 1999.

   a. for   b. since   c. by

LIÇÃO 32

Computador
Computer

	pronúncia	definição	exemplo
attach	[e **ta**tch]	anexar	*She will attach the document in the email.* Ela vai anexar o documento ao e-mail.
browser	[**brau**zer]	navegador (Internet)	*My favorite browser is Firefox.* Meu navegador favorito é o Firefox.
CD-Rom (Compact Disc – Read-Only Memory)	[ci-di-róm]	CD-Rom	*The magazine came with a CD-Rom.* A revista veio com CD-Rom.
computer	[kem **piu**ter]	computador	*Lisa bought a new computer.* A Lisa comprou um computador novo.
copy	[**kó**pi]	copiar, cópia	*She's going to copy the file.* Ele vai copiar o arquivo.
document	[**dó**kiument]	documento	*Did you save the document?* Você salvou o documento?
download	[**daun** loud]	baixar (fazer download)	*They like to download music.* Eles gostam de baixar músicas.
DVD (Digital Video Disc)	[di-vi-di]	DVD	*My computer doesn't have a DVD player.* Meu computador não tem leitor de DVD.
email	[i **meil**]	e-mail	*I got your email this morning.* Eu recebi seu e-mail hoje de manhã.
erase/delete	[i **reis**]/[di**lit**]	apagar	*Did you erase the file?* Você apagou o arquivo?
file	[**fai**l]	arquivo	*He copied the files onto a disk.* Ele copiou os arquivos num disco.
hardware	[**hard** uér]	equipamento	*This store sells computer hardware.* Esta loja vende equipamento de informática.
help	[**hél**p]	ajudar, ajuda	*This program has a good help tool.* Este programa tem boa ferramenta de ajuda.
keyboard	[**ki** bord]	teclado	*He has a wireless keyboard.* Ele tem teclado sem fio.
link	[link]	link, vínculo	*Please click on the link.* Por favor, clique no link.
message	[**mé**ssij]	mensagem	*There are new messages in my mailbox.* Há novas mensagens na minha caixa postal.
print/printer	[print]/ [**prin**ter]	imprimir/ impressora	*I need to print this document.* Eu preciso imprimir este documento.
program	[**prou** gram]	programa	*He uses a good program to design the houses.* Ele usa um bom programa para desenhar as casas.
receive	[ri **siv**]	receber	*She received my email ten minutes ago.* Ela recebeu meu e-mail há dez minutos.
save	[seiv]	salvar	*I forgot to save the file.* Eu me esqueci de salvar o arquivo.
search	[sârch]	busca, buscar	*I'm going to search on the Net.* Eu vou fazer uma busca na Internet.
send	[send]	enviar	*Janet is sending the pictures to her friend.* A Janet está enviando as fotos para o amigo dela.
website	[sait]	site	*My school has a website.* Minha escola tem um site.

software	[**soft** uér]	software	*Microsoft designs many kinds of software.*
			A Microsoft desenha muitos tipos de software.
surf	[sãrf]	navegar	*Paul spends many hours surfing the Net.*
(the Internet)		(na intenet)	O Paul passa muitas horas navegando na Internet.
text	[tékst]	texto	*This program corrects the text.*
			Este programa corrige os textos.
type	[taip]	digitar	*She types very fast.*
			Ela digita muito rápido.
virus	[**vai**res]	vírus	*I think my computer has a virus.*
			Eu acho que o meu computador está com vírus.
Web/webpage	[uéb]	Web/	*He visited my webpage.*
		página na Web	Ele visitou minha página na Web.

EXERCÍCIO A

Ache as palavras no quadro.

[**X**] virus

[　] delete

[　] searched

[　] program

[　] send

[　] surf

[　] messages

[　] print

A	S	U	R	F	Y	G	J	I	L	O
F	S	A	P	E	L	D	S	N	A	P
V	T	U	R	F	H	P	A	T	L	R
E	R	L	I	X	B	R	O	K	J	O
B	D	K	N	D	R	A	I	V	Q	G
I	E	P	T	W	E	N	A	Z	D	R
P	L	M	W	L	P	T	M	I	O	A
L	E	I	S	V	I	R	U	S	A	M
G	T	O	V	B	F	T	Y	S	R	G
S	E	A	R	C	H	E	D	A	E	R
M	H	M	E	S	S	A	G	E	S	W

EXERCÍCIO B

Utilize as palavras do exercício A para completar as frases.

1. I'm going to __*print*__ this document. Please turn on the printer.
2. She did not _____ the files. They're still in the computer.
3. He _____ the computer but he did not find the pictures.
4. I need to install this _____ in my computer.
5. Lisa is going to _____ him an email to confirm the reservation.
6. My brother loves to _____ the Net.
7. He used the business center in the hotel to read his _____.
8. I think my computer has a _____. It's strange.

LIÇÃO 33

No hotel
At the hotel

	pronúncia	definição	exemplo
air conditioning	[ér] [ken **dich**'ning]	ar condicionado	*This hotel doesn't have air conditioning.* Este hotel não tem ar condicionado.
bed (single bed/ double bed)	[bed]	cama (solteiro/casal)	*My room has two double beds.* Meu quarto tem duas camas de casal.
bell boy	[bel] [bói]	boy de hotel	*The bell boy is taking my bags.* O boy está levando minhas malas.
book (verbo)	[buk]	reservar	*She's going to book a room at the hotel.* Ela vai reservar um quarto no hotel.
check in	[tchek] [in]	registrar-se (fazer o check-in)	*I'm going to the front desk to check in.* Eu vou à recepção para fazer o check-in.
check out	[tchek] [aut]	fechar a conta	*I would like to check out, please.* Eu gostaria de fechar a conta, por favor.
convention	[ken **ven**chen]	convenção	*This hotel has a nice convention room.* Este hotel tem um bom salão de convenções.
fitness center	[**fít**nes] [**cen**ter]	sala de ginástica	*The fitness center is open until 10 p.m.* A sala de ginástica fica aberta até as dez da noite.
hotel	[hou **tél**]	hotel	*There are some beautiful hotels in Salvador.* Há uns hotéis lindos em Salvador.
lobby	[**ló**bi]	saguão	*Mark is waiting for me in the lobby.* O Mark está me esperando no saguão.
maid	[meid]	camareira	*I called the maid to bring me more towels.* Eu chamei a camareira para me trazer mais toalhas.
parking lot	[**par**kin] [lot]	estacionamento	*The hotel has a big parking lot.* O hotel tem um estacionamento grande.
reception	[ri **cép**chen]	recepção	*She went to the reception to get her key.* Ela foi à recepção para pegar sua chave.
reservation	[rezer **vei**ch'n]	reserva	*I've made a reservation for two people.* Eu fiz reserva para duas pessoas.
room	[rum]	quarto	*My room is very nice.* Meu quarto é muito bom.
sauna	[**sóu**na]	sauna	*I like to go to the hotel sauna to relax.* Eu gosto de ir à sauna do hotel para relaxar.
(room) service	[rum] [**sár**ves]	serviço (de quarto)	*This hotel doesn't have room service.* Este hotel não tem serviço de quarto.
stay	[stei]	ficar, estadia	*I'm going to stay four nights.* Eu vou ficar quatro noites.
vacancy	[**vei**kensi]	vaga	*The hotel is full, there´s no vacancy.* O hotel está cheio, não há vagas.
safety deposit box/safe	[**sei**fti] [di **pó**zit] [**bó**ks]/[seif]	cofre	*I'm going to put the jewelry in the safe.* Eu vou colocar as jóias no cofre.
swimming pool	[**sui**ming] [pul]	piscina	*There is a big swimming pool next to the restaurant.* Há uma grande piscina ao lado do restaurante.
laundry	[**lón**dri]	lavanderia	*Almost every large hotel has in-house laundry facilities.* Quase todo grande hotel tem serviço de lavanderia.
guest	[guést]	hóspede	*The waiter asked me if I was a guest at the the hotel.* O garçom me perguntou se eu era hóspede do hotel.

81

EXERCÍCIO A

Um guia de hotéis utiliza símbolos para mostrar os serviços disponíveis. Escreva ao lado de cada símbolo o que ele representa. Utilize as palavras do quadro.

[ ] sauna   [ ] business center   [ ] laundry service

[ ] satellite television [ ] fitness center/health club   [ ] air conditioning

[ ] parking   [ ] room service   [ ] restaurant/coffee shop

[ ] swimming pool   [ ] in-room safe

1. _air conditioning_
2. _____
3. _____
4. _____
5. _____
6. _____
7. _____
8. _____
9. _____
10. _____
11. _____

EXERCÍCIO B

Escolha a palavra mais adequada e complete as frases.

1. When you arrive at the hotel, you usually go to the front desk to _check in_. (check in; check out)

2. Before you leave the hotel, you usually tell the receptionist you're _____. (looking out; checking out)

3. Before you travel, it's a good idea to _____ a room in a hotel. (stay; book)

4. If the hotel is full, we can say it has no _____. (vacancies; parking)

5. If you want to eat someting in your room, you call _____. (secretary; room service)

6. If you want to use a computer, you go to the _____. (business center; fitness center)

7. If you want to exercise, you go to the _____. (sauna; fitness center)

8. If you want to swim, you go to the _____. (sauna; swimming pool)

LIÇÃO 34

Escola e educação
School and education

	pronúncia	definição	exemplo
bag	[bag]	bolsa, sacola	*I put all my books in my school bag.* Eu ponho todos os meus livros na minha bolsa.
book	[buk]	livro	*I need to buy more books.* Eu preciso comprar mais livros.
class	[klas]	aula	*Sally is going to have a class this afternoon.* A Sally vai ter uma aula hoje a tarde.
classroom	[**klas** rum]	sala de aula	*The teacher is waiting in the classroom.* O professor está esperando na sala de aula.
homework	[**róm** wãrk]	lição de casa	*I can't go out tonight because I need to do my homework.* Eu não posso sair hoje a noite porque tenho que fazer minha lição de casa.
classmate	[**klas** meit]	colega de sala	*I borrowed the book from my classmate.* Eu tomei emprestado o livro do meu colega de classe.
professor	[pre **fé**sser]	professor universitário	*Mr. Johnson is a respected professor.* O sr. Johnson é um professor respeitado.
quiz	[ku**iz**]	teste curto e rápido	*The teacher is going to give us a quiz tomorrow.* O professor vai nos dar um teste amanhã.
student	[**stud**'nt]	aluno	*She's a student at the university.* Ela é uma aluna da universidade.
study	[**stã**di]	estudar	*I usually study in the morning.* Eu geralmente estudo de manhã.
teacher	[**ti**tcher]	professor	*Mrs. Williams is my teacher.* A sra. Williams é minha professora.
test/exam	[test]/[ec**zam**]	teste/prova	*They did well in the exam.* Eles foram bem na prova.
university	[iune **vãr**seti]	universidade	*This university is very famous.* Esta universidade é muito famosa.
school	[skul]	escola	*My school is two blocks from here.* Minha escola fica a dois quarteirões daqui.
education	[edje **kei**ch'n]	educação	*This country has a good education system.* Este país tem um bom sistema de ensino.
college	[**kó**lidj]	faculdade	*Mary is going to college next year.* A Mary vai para a faculdade no ano que vem.
high school	[hai] [skul]	ensino fundamental II e ensino médio	*This is a famous high school.* Esta é uma escola de ensino fundamental famosa.
elementary school	[ele **mén**tari] [skul]	ensino fundamental I	*She studied in a private elementary school.* Ela estudou numa escola de ensino fundamental particular.
kindergarten	[**kín**der gart'n, **kín**der gard'n]	ensino infantil	*They're looking for a good kindergarten for their kids.* Eles estão procurando uma boa escola de ensino infantil para suas crianças.
grade	[greid]	nota	*He didn't get a good grade on the test.* Ele não recebeu boa nota no teste.

EXERCÍCIO A

Conecte as palavras aos seus respectivos significados.

1. teacher — a person who studies
2. high school — a person who teaches
3. kindergarten — work the teacher asks students to do at home
4. exam — test to see how much you know
5. student — number or letter a teacher gives for a piece of work
6. homework — a place of education for children aged 3 to 5
7. grade — a place of education for children aged 11 to 17-18
7. classmate — someone who is in the same class as you at school

EXERCÍCIO B

Classifique as palavras de acordo com os seguintes grupos: people **(pessoas)**, places **(locais)** e work **(trabalho).**

[X] student   [ ] exam   [ ] homework   [ ] grade

[ ] high school   [ ] teacher   [ ] university   [ ] elementary school

people	places	work
student		

Festas, celebrações e instrumentos musicais
Parties, celebrations and musical instruments

	pronúncia	definição	exemplo
anniversary	[ane **vár**seri]	aniversário (qualquer aniversário, exceto de nascimento)	*They're celebrating their wedding anniversary tomorrow.* Eles vão celebrar seu aniversário de casamento amanhã.
birthday	[**bãrzh** dei]	aniversário (de nascimento)	*My birthday is in January.* Meu aniversário é em janeiro.
celebrate	[**séle** breit]	celebrar, comemorar	*I want to celebrate my birthday at the club.* Eu quero comemorar meu aniversário no clube.
event	[i **vént**]	evento	*The hotel has a big event tonight.* O hotel tem um grande evento hoje à noite.
holiday	[**hó**lidei]	feriado	*Tomorrow is a holiday in my country.* Amanhã é feriado no meu país.
occasion	[e **kei**j'n]	ocasião	*Today is a special occasion for me.* Hoje é uma ocasião especial para mim.
party	[**par**ti]	festa	*Let's go to a party tonight!* Vamos a uma festa hoje à noite!
present/gift	[**pré** zent]/[guift]	presente	*He gave me a nice present.* Ele me deu um presente legal.
special	[**spé**ch'l]	especial	*Today is a special day.* Hoje é um dia especial.
wedding	[u**é**ding]	casamento	*Their wedding ceremony will be at St. Peter's church.* A cerimônia de casamento será na igreja de São Pedro.
Christmas	[**kriss**mess]	Natal	*My family gets together on Christmas day.* Minha família se reúne no dia de Natal.
New Year's Day/Eve	[nu] [iers]	ano-novo/véspera de ano-novo	*They're coming on New Year's Eve.* Eles vão chegar na véspera de ano-novo.
Instrumentos musicais *Musical Instruments*			
instrument	[**ins**trement]	instrumento	*I don't play any instrument.* Eu não toco nenhum instrumento.
(electric) guitar	[gui **tar**]	violão, guitarra (elétrica)	*He loves to play the guitar.* Ele adora tocar violão.
piano	[pi **ano**]	piano	*Sarah plays the piano very well.* A Sarah toca piano muito bem.
drum	[dram]	bateria	*Rick is buying a new drum set.* O Rick vai comprar uma bateria nova.
violin	[**vai** e lin]	violino	*They play the violin every day.* Eles tocam violino todo dia.
sax	[saks]	saxofone	*It's not easy to play the sax.* Não é fácil tocar saxofone.

EXERCÍCIO A

Identifique as datas especiais e os instrumentos musicais abaixo.

[X] wedding   [ ] guitar   [ ] Christmas   [ ] drums

[ ] violin   [ ] birthday   [ ] New Year's Eve   [ ] piano

1. _____*wedding*_____   2. _____   3. _____   4. _____

5. _____   6. _____   7. _____   8. _____

EXERCÍCIO B

Escolha a palavra mais adequada e complete as frases.

1. Tomorrow I will be twenty-five. It's my _*birthday*_. (birthday; wedding)

2. We've been married for ten years. Next Friday it's our _____ anniversary. (birthday; wedding)

3. I usually travel on _____. (occasions; holidays)

4. Carol gave me a nice _____ on my birthday. (present; event)

5. Yesterday it was Kevin's birthday and he had a big _____. (party; anniversary)

6. Christmas is a special _____. (meeting; occasion)

7. We're going to _____ our wedding anniversay with a big party. (celebrate; congratulate)

8. I would love to learn to play the _____. (piano, plan)

LIÇÃO 36

Objetos e materias
Objects and materials

Objetos *Objects*

	pronúncia	definição	exemplo
box	[boks]	caixa	*She put the cards in the box.* Ele colocou os cartões na caixa.
brush/toothbrush	[brāch]/ [**tu**zhbrāch]	escova/escova de dentes	*I'm taking my toothbrush with me.* Eu vou levar minha escova de dentes comigo.
(digital) camera	[**ka**mera]	câmera (digital)	*He wants to buy a digital camera.* Ele quer comprar uma câmera digital.
cell phone	[sél] [foun]	(telefone) celular	*I can't find my cell phone.* Eu não consigo achar meu celular.
comb	[koum]	pente	*My comb is on the sink.* Meu pente está na pia.
key	[ki]	chave	*I need a key to open the door.* Eu preciso de uma chave para abrir a porta.
magazine	[**ma**gue zin]	revista	*He bought some magazines to read on the trip.* Ele comprou umas revistas para ler na viagem.
mirror	[**mi**rer]	espelho	*I looked at myself in the mirror.* Eu me olhei no espelho.
newspaper	[**nuz** peiper] ou [**nus**peiper]	jornal	*I didn't read the newspaper this morning.* Eu não li o jornal esta manhã.
perfume	[**pãr** fium] ou [per **fium**]	perfume	*Maggie loves French perfumes.* A Maggie adora perfumes franceses.
toy	[tói]	brinquedo	*The children loved the toys.* As crianças adoraram os brinquedos.
umbrella	[am **bré**la]	guarda-chuva	*I forgot to bring my umbrella.* Eu me esqueci de trazer meu guarda-chuva.
oven	[āv'n]	forno	*The pizza is in the oven.* A pizza está no forno.
plate	[pleit]	prato	*Please put the sandwich on the plate.* Por favor, coloque o sanduíche no prato.
gun	[gān]	arma de fogo	*He doesn't have a gun.* Ele não tem arma.
machine	[me **chin**]	máquina	*This machine is very noisy.* Esta máquina é muito barulhenta.
basket	[**bas**ket]	cesto	*She put the clothes in the basket.* Ela colocou as roupas no cesto.
clock	[klók]	relógio de mesa ou de parede	*There is a beautiful clock in the kitchen.* Há um bonito relógio na cozinha.

Materiais *Materials*

glass	[glas]	vidro	*This vase is made of glass.* Este vaso é feito de vidro.
gold	[goud]	ouro	*I have a gold chain.* Eu tenho uma corrente de ouro.
iron	[airn]	ferro	*This is an iron pan.* Esta é uma panela de ferro.

leather	[lézher]	couro	*Beth bought a leather jacket.*
			A Beth comprou uma jaqueta de couro.
material	[me tiri el]	material	*What kind of material is this wallet made of?*
			De que tipo de material esta carteira é feita?
metal	[mét'l]	metal	*This pen is made of metal.*
			Esta caneta é feita de metal.
silver	[silver]	prata	*She got a silver bracelet.*
			Ela ganhou uma pulseira de prata.
steel	[stil]	aço	*This knife is made of steel.*
			Esta faca é feita de aço.
cloth/fabric	[klózh]/ [fabric]	tecido	*This is a soft cloth.*
			Este é um tecido macio.
silk	[silk]	seda	*My silk blouse is dirty.*
			Minha blusa de seda está suja.
wool	[uul]	lã	*I bought a wool hat.*
			Eu comprei um gorro de lã.
cotton	[kót'n]	algodão	*The shirt is made of cotton.*
			A camisa é feita de algodão.
plastic	[plastik]	plástico	*The computer mouse is made of plastic.*
			O mouse do computador é feito de plástico.
wood	[uud]	madeira	*My table is made of wood.*
			Minha mesa é feita de madeira.

EXERCÍCIO A

Complete as palavras cruzadas.

Vertical   Horizontal

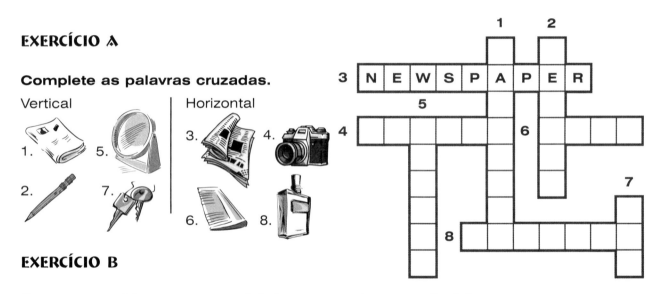

EXERCÍCIO B

Conecte os objetos ao material de que geralmente são feitos.

1. shirt   glass
2. cassette   wool
3. table   cotton
4. wedding ring   gold
5. aquarium   steel
6. shoes   plastic
7. car   wood
8. sweater   leather

88

LIÇÃO 37

Opiniões
Opinions

	pronúncia	definição	exemplo
opinion	[e **pi**nien]	opinião	*In my opinion you should stay.* Na minha opinião, você deveria ficar.
think	[zhink]	achar, pensar	*I think so.* Eu acho que sim.
bad	[bad]	ruim	*I think this wine is bad.* Eu acho que este vinho está ruim.
beautiful	[**biu**tif'l]	bonito	*She thinks my sweater is beautiful.* Ela acha meu suéter bonito.
big	[big]	grande	*I think this room is big.* Eu acho este quarto grande.
boring	[**bó**ring]	chato	*They thought the movie was boring.* Eles acharam o filme chato.
convenient	[ken **vi**nient]	conveniente	*I don't think it's convenient to call at this time.* Eu não acho conveniente ligar a esta hora.
difficult	[**di**fikelt]	difícil	*The students found the test difficult.* Os alunos acharam o teste difícil.
easy	[**i**zi]	fácil	*He thinks the exercise is easy.* Ele acha o exercício fácil.
expensive	[ik **spén**siv]	caro	*Sandra thinks the car is expensive.* A Sandra acha que o carro é caro.
fun	[fãn]	divertido	*The children thought the film was fun.* As crianças acharam o filme divertido.
good	[gud]	bom	*I think this is a good opportunity.* Eu acho que esta é uma boa oportunidade.
important	[im **pórt**'nt]	importante	*In my opinion it's important to save money.* Na minha opinião, é importante economizar dinheiro.
interesting	[**in**tresting]	interessante	*Mark thinks the book is very interesting.* O Mark acha que o livro é muito interessante.
ugly	[**ã**gli]	feio	*They think this house is very ugly.* Eles acham que esta casa é muito feia.
terrible	[**té**reb'l]	terrível	*The food was terrible.* A comida estava terrível.
terrific	[te**ri**fic]	incrível	*I think this is a terrific place.* Eu acho este lugar incrível.
nice	[nais]	bom, legal	*He has a nice car.* Ele tem um carro legal.
pretty	[**pri**'ti]	bonito	*This park is very pretty.* Este parque é muito bonito.
more	[mór]	mais	*My city is much more beautiful.* Minha cidade é muito mais bonita.
less	[lés]	menos	*I think this car is less expensive.* Eu acho que este carro é menos caro.
enough	[i **nãf**]	suficiente	*I don't think there is enough room for five people.* Eu acho que não há espaço suficiente para cinco pessoas.

quite	[kuait]	bem	*This car is quite small.* Este carro é bem pequeno.
so	[sou]	tão	*I loved the show. It was so pretty!* Eu adorei o show. Estava tão bonito!
too	[tu]	demasiado	*He thinks the shoes are too big.* Ele acha que os sapatos estão grandes demais.
very	[**vé**ri]	muito	*This restaurant is very expensive.* Este restaurante é muito caro.

EXERCÍCIO A

Reescreva as frases com o oposto das palavras em negrito.

1. I think this shirt is too **small**. _____

2. He thinks this painting is very **ugly**. _____

3. In my opinion this house is **cheap**. _____

4. The film was very **boring**. _____

5. The exam was so **easy**! _____

6. I think it's **inconvenient** to call her now. _____

7. She thinks it's a **bad** time to talk about the problems.
   _____

8. This hotel is **terrific**. _____

EXERCÍCIO B

Complete as frases com as palavras do quadro. Algumas palavras são utilizadas mais de uma vez.

[ ] too   [ ] enough   [ ] quite   [ ] so
[ ] very   [ ] more   [ ] less

1. This blouse is not big _____. I need a bigger one.

2. This car is _____ expensive. It costs over $ 50,000.

3. The boy cannot drive the car. He's _____ young.

4. I think the movie was not excellent, but it was _____ good.

5. I'm _____ tired, I need to rest.

6. Mr. Gates has much _____ money than me. He's a billionaire.

7. She doesn't have _____ time to study. She works _____ much.

8. You should eat _____ junk food. It's not good for your health.

LIÇÃO 38

Miscelânea 1
Miscellaneous 1

	pronúncia	definição	exemplo
a lot (of)	[a] [ló]	muito (muitos)	*He has a lot of money.* Ele tem muito dinheiro.
few	[fiu]	pouco (poucos)	*There are few parks in this city.* Há poucos parques nesta cidade.
question	[**kués**tchen]	pergunta	*He asked me a difficult question.* Ele me fez uma pergunta difícil.
answer	[**an**ser]	resposta	*I don't know the answer.* Eu não sei a resposta.
trash	[trach]	lixo	*We recycle trash in our building.* Nós reciclamos o lixo no nosso prédio.
place	[pleis]	lugar	*This is a nice place for a picnic.* Este é um bom lugar para piquenique.
other	[**ã**der]	outro	*She lives on the other side of the street.* Ela mora do outro lado da rua.
best	[best]	melhor (de todos)	*What's the best time to talk to you?* Qual a melhor hora para falar com você?
life	[laif]	vida	*I have a very busy life.* Eu tenho uma vida muito ocupada.
most	[moust]	a maioria, a maior parte	*Most people prefer to live in the city.* A maioria das pessoas prefere morar na cidade.
way	[uei]	modo, maneira, caminho	*I like to do it my way.* Eu gosto de fazer do meu modo.
kind	[kaind]	tipo	*What kind of food do you prefer?* Que tipo de comida você prefere?
star	[star]	estrela	*Sandra is a movie star.* A Sandra é uma estrela de cinema.
problem	[**pró**blem]	problema	*I have a problem with this equipment.* Eu tenho um problema com este equipamento.
farm	[farm]	fazenda	*Linda lives on a large farm.* A Linda mora numa fazenda grande.
system	[**sis**tem]	sistema	*My company is changing the computer system.* Minha empresa está mudando o sistema de computação.
true	[tru]	verdadeiro	*I don't know if it's true.* Eu não sei se é verdade.
product	[**pró** dukt]	produto	*They sell lots of products.* Eles vendem muitos produtos.
correct	[ke **rékt**]	correto	*He gave me the correct amount.* Ele me deu a quantia correta.
nobody	[**nou**bedi]	ninguém	*Nobody knows when they will arrive.* Ningúem sabe quando eles vão chegar.
somebody	[**sam** bodi]	alguém	*There is somebody outside.* Há alguém do lado de fora.
everybody	[**é**vri]	todos	*Everybody speaks Italian in my family.* Todos falam italiano na minha família.
nothing	[**nã**zhing]	nada	*There is nothing to see here.* Não há nada para ver aqui.

something	[**sam** zhing]	alguma coisa	*There is something in the bag.*
			Há alguma coisa na bolsa.
everything	[**évri** zhing]	tudo	*Is everything all right?*
			Está tudo certo?

EXERCÍCIO A

Ache a primeira letra das palavras e escreva-as.

1. __problem__   6. _____
2. _____   7. _____
3. _____   8. _____
4. _____   9. _____
5. _____   10. _____

EXERCÍCIO B

Complete as frases com as palavras do exercício A.

1. He asked me if there was any __problem__ with the machine.
2. We went to a beautiful _____ in the mountains.
3. What _____ of movie do you prefer? I prefer action movies.
4. He has a busy _____. He has two jobs and he studies.
5. There is a _____ called B Side in New York.
6. _____ speaks French in my family. We all speak only English.
7. The teacher asked us if we had any _____.
8. The company invested a lot of money in a new computer _____.
9. _____ likes Janet. She's a very nice girl.
10. She prefers to do it her own _____.

LIÇÃO 39

Comida 2
Food 2

	pronúncia	**definição**	**exemplo**
carrot	[**ké**ret]	cenoura	*This cake is made of carrots.* Este bolo é feito de cenoura.
(hot) chocolate	[**tchó**klet]	chocolate (quente)	*I want to drink some hot chocolate.* Eu quero tomar um chocolate quente.
bacon	[**bei**ken]	toucinho (bacon)	*He likes eggs with bacon.* Ele gosta de ovos com bacon
butter	[**bã**ter]	manteiga	*She put some butter on the corn.* Ela colocou manteiga no milho.
cake	[keik]	bolo	*They bought a nice birthday cake.* Eles compraram um belo bolo de aniversário.
candy	[**ken**di]	bala, doce	*My little cousin loves candy.* Meu priminho adora balas.
cereal	[**si**ri el]	cereal	*He eats cereals in the morning.* Ele come cereal de manhã.
cookie	[kuki]	biscoito	*She makes delicious cookies.* Ela faz biscoitos deliciosos.
ham	[ham]	presunto	*I ordered a ham sandwich.* Eu pedi um sanduíche de presunto.
jam	[djam]	geléia	*Tina loves strawberry jam.* A Tina adora geléia de morango.
juice	[djus]	suco	*I drink a lot of juice everyday.* Eu bebo muito suco todo dia.
ketchup	[**két**chep]	ketchup	*She put some ketchup on the sandwich.* Ele colocou ketchup no sanduíche.
pear	[**pé**ar]	pêra	*Let's buy some pears!* Vamos comprar umas pêras!
pepper	[**pé**per]	pimenta	*She put a lot of pepper in the soup.* Ela colocou muita pimenta na sopa.
pork	[**pórk**]	carne de porco	*My mother doesn't eat pork.* Minha mãe não come carne de porco.
rice	[rais]	arroz	*They eat a lot of rice in Japan.* Eles comem muito arroz no Japão.
salt	[sólt]	sal	*Can you pass me the salt, please?* Você pode me passar o sal, por favor?
sandwich	[**san**duitch]	sanduíche	*He usually eats sandwiches for lunch.* Ele geralmente come sanduíches no almoço.
sausage	[**só**sidj]	salsicha	*Many Americans like to eat sausages for breakfast.* Muitos americanos gostam de comer salsicha no café-da-manhã.
soft drink	[sóft] [drink]	refrigerante	*He ordered a soft drink.* Ele pediu um refrigerante.
soup	[sup]	sopa	*I like to have soup when it's cold.* Eu gosto de tomar sopa quando está frio.
steak	[steik]	filé	*I ate a big steak.* Eu comi um filé grande.

sugar	[**chu**guer]	açúcar	*I put some sugar in the coffee.* Eu coloquei açúcar no café.
sweet	[su**it**]	doce	*This cake is very sweet.* Este bolo está muito doce.
tea	[ti]	chá	*Let's have some tea!* Vamos tomar chá!
toast	[toust]	torrada	*He put some jam on the toast.* Ele colocou geléia na torrada.
wine	[u**ain**]	vinho	*French wine is very good.* O vinho francês é muito bom.
pasta	[**pas**ta]	massa (macarrão etc.)	*I love pasta.* Eu adoro massa.

EXERCÍCIO A

Relacione as palavras às figuras.

[ ] cake [ ] carrot [ ] soft drink [X] sandwich [ ] candy
[ ] pear [ ] pasta   [ ] steak   [ ] jam   [ ] rice

1. _sandwich_   2. _____   3. _____   4. _____   5. _____

6. _____   7. _____   8. _____   9. _____   10. _____

EXERCÍCIO B

Coloque as letras em ordem e forme as palavras.

1. acohcolet   _chocolate_   6. sapta   _____
2. eat   _____   7. coba   _____
3. tebutr   _____   8. amh   _____
4. krop   _____   9. gesasua   _____
5. eniw   _____   10. ocekoi   _____

94

LIÇÃO 40

Verbos 3
Verbs 3

	pronúncia	definição	exemplo
break	[breik]	quebrar	*He didnt'break anything.* Ele não quebrou nada.
change	[tcheindj]	mudar, trocar	*I want to change my car.* Eu quero trocar de carro.
cook	[kuk]	cozinhar	*Sally loves to cook.* A Sally adora cozinhar.
copy	[**kó**pi]	copiar	*Could you please copy this letter?* Você poderia copiar esta carta, por favor?
cut	[kãt]	cortar	*I need to cut the meat.* Eu preciso cortar a carne.
dance	[dans]	dançar	*My sister dances very well.* Minha irmã dança muito bem.
enjoy	[in **djói**] ou [en **djói**]	desfrutar, gostar	*I enjoy going to the movies.* Eu gosto de ir ao cinema.
feel	[fil]	sentir	*It makes me feel good.* Isto me faz me sentir bem.
help	[help]	ajudar	*Can I help you?* Posso ajudá-lo?
invite	[in **vait**]	convidar	*I'm going to invite them for lunch.* Eu vou convidá-los para o almoço.
let	[let]	permitir, deixar	*Please let me stay here.* Por favor, deixe-me ficar aqui.
meet	[mit]	encontrar	*I'm going to meet Karen after work.* Eu vou me encontrar com a Karen depois do trabalho.
pay	[pei]	pagar	*How much did you pay for this dress?* Quanto você pagou por esse vestido?
prefer	[pri fãr]	preferir	*I prefer to study at night.* Eu prefiro estudar a noite.
put	[put]	pôr, colocar	*Please put the computers in the office.* Por favor, coloquem os computadores no escritório.
say	[sei]	dizer	*Please say hello to Kathy for me.* Por favor, diga olá à Kathy por mim.
sell	[sél]	vender	*They sell excellent products at this store.* Eles vendem produtos excelentes nesta loja.
show	[chou]	mostrar	*Please show me your new plan.* Por favor, mostre-me seu novo plano.
sing	[sing]	cantar	*They love to sing.* Eles adoram cantar.
sit (down)	[sit]	sentar-se	*Please sit down.* Por favor, sentem-se.
sleep	[slip]	dormir	*I like to sleep in a big bed.* Eu gosto de dormir em cama grande.
stay	[stei]	ficar	*Please stay here.* Por favor, fique aqui.

swim	[su**im**]	nadar	*I learned to swim when I was five.* Eu aprendi a nadar quando tinha cinco anos.
tell	[tél]	dizer	*Can you tell me the time?* Você pode me dizer as horas?
try	[trai]	tentar, experimentar	*I will try to finish the project today.* Eu vou tentar terminar o projeto hoje.
understand	[ander **stand**]	entender	*I can't understand him.* Eu não consigo entendê-lo.
use	[iuz]	usar	*Can I use your computer?* Posso usar seu computador?
wake up	[ueik] [ắp]	acordar	*I usually wake up very early.* Eu geralmente acordo bem cedo.
walk	[uóuk]	andar	*Sam loves to walk in the park.* O Sam adora andar no parque.

EXERCÍCIO A

Circule o verbo mais apropriado.

1. He wants to sell/bring his car to buy a new one.
2. Please let/stay me finish the letter first and then we can go.
3. Liz wants to go/use my car.
4. He asked me to pay/cash for the book for him.
5. Please tell/show me your new dress. I want to see it.
6. I was not invited/remembered to go to the party, so I'm not going.
7. Can I say/help you?
8. Did you have/enjoy your trip?
9. I need to change/give my cell phone because it's terrible.
10. How do you prefer/watch your meat? Well done, please.

EXERCÍCIO B

O que eles estão fazendo? Complete com o verbo mais apropriado.

1. He's *waking up*.
2. She's _____.
3. Kelly is _____ on her coat.
4. Silvia and Peter are _____.
5. Martha is _____.
6. Brad is _____.
7. Melissa is _____ her hair.
8. Bob is _____.

LIÇÃO 41

Adjetivos 3
Adjectives 3

	pronúncia	definição	exemplo
clean	[klin]	limpo	*My hands are clean.* Minhas mãos estão limpas.
dark	[dark]	escuro	*His car is dark blue.* O carro dele é azul-escuro.
dirty	[dãrti]	sujo	*My shoes are dirty.* Meus sapatos estão sujos.
early	[ãrli]	cedo	*She came home early.* Ela veio para casa cedo.
hard	[hard]	duro, difícil	*It's hard to find a good place to live.* É difícil encontrar um bom lugar para morar.
heavy	[**hé**vi]	pesado	*I can't carry this bag. It's too heavy.* Eu não consigo carregar esta bolsa. Está pesada demais.
high	[hai]	alto	*The inflation is very high this year.* A inflação está muito alta este ano.
late	[leit]	tardio, atrasado	*Winter is late this year.* O inverno está atrasado este ano.
light	[lait]	leve, claro	*This meal is very light.* Esta refeição é muito leve.
low	[lou]	baixo	*The salaries in that country are low.* Os salários naquele país são baixos.
modern	[**mó**dern]	moderno	*They liked the modern picture.* Eles gostaram do quadro moderno.
narrow	[**na**rou]	estreito	*I live in a narrow street.* Eu moro numa rua estreita.
noisy	[**nói**zi]	barulhento	*This car is very noisy.* Este carro é muito barulhento.
quiet	[**kuai** et]	silencioso	*Please be quiet!* Por favor, faça silêncio!
short	[chórt]	baixo	*He's a short guy.* Ele é um cara baixo.
smart	[smart]	esperto, inteligente	*His son is very smart.* O filho dele é muito esperto.
soft	[sóft]	macio	*This sofa is very soft.* Este sofá é muito macio.
strong	[strong]	forte	*He has a strong accent.* Ele tem um sotaque forte.
stupid	[**stu**ped]	estúpido	*This is a stupid question.* Esta é uma pergunta estúpida.
tall	[tól]	alto	*My cousin is very tall.* Meu primo é bem alto.
weak	[uik]	fraco	*His performance was weak.* O desempenho dele foi fraco.
wide	[uaid]	largo, amplo	*This avenue is very wide.* Esta avenida é bem larga.

97

EXERCÍCIO A

Conecte os adjetivos aos seus significados opostos.

1.	clean	smart
2.	dark	hard
3.	early	weak
4.	soft	noisy
5.	high	short
6.	light	dirty
7.	narrow	early
8.	strong	wide
9.	stupid	heavy
10.	quiet	light
11.	tall	low

EXERCÍCIO B

Complete as frases com os adjetivos do exercício A.

1. I'm going to wash my hands because they're __*dirty*__.
2. The questions were difficult. They were very _____.
3. The prices are very _____. I can't buy anything.
4. Beth usually gets up at six o'clock. She likes to get up _____.
5. Normally the corridors on the planes are very _____. It's difficult for two people to pass.
6. This TV weighs sixty kilos. It's very _____.
7. I don't like American coffee very much because I think it's very _____.
8. I can't see anything. It's very _____ in here.
9. Carol got an A in her exam. She's very _____.
10. I can't sleep very well because my neighbors are very _____.
11. Basketball players are usually very _____.

LIÇÃO 42

Advérbios 2
Adverbs 2

	pronúncia	definição	exemplo
alone	[e **lón**]	sozinho	*I can't do this job alone.* Eu não consigo fazer este trabalho sozinho.
already	[ol **re**di] ou [**ol** redi]	já	*I have already finished the book.* Eu já terminei o livro.
as (usual)	[az]	como (de hábito)	*He gave me the money as usual.* Ele me deu o dinheiro como de costume.
away	[e **uei**]	para longe, fora	*He really needs to go away for a while.* Ele realmente precisa viajar por um tempo.
back	[bak]	para trás, atrás	*She didn't look back.* Ela não olhou para trás.
badly	[**bé**dli]	mal	*He drives very badly.* Ele dirige muito mal.
completely	[kem **pli**tli]	completamente	*I completely forgot about it.* Eu me esqueci completamente disso.
early	[**ã**rli]	cedo	*They arrived early.* Eles chegaram cedo.
just **(= only)**	[djãst]	apenas	*This is just a warning.* Isto é apenas um aviso.
late	[leit]	tarde	*He arrived late.* Ele chegou tarde.
lately	[**lei**tli]	ultimamente	*He has not been to the doctor lately.* Ele não tem ido ao médico ultimamente.
later	[**lei**ter]	mais tarde	*See you later.* Até mais tarde.
loud	[laud]	alto (som)	*The music is very loud.* A música está muito alta.
low	[lou]	baixo (som)	*Please speak low because the baby is sleeping.* Por favor, falem baixo porque o bebê está dormindo.
most **(of the time)**	[moust]	a maior parte (do tempo)	*He stays home most of the time.* Ele fica em casa a maior parte do tempo.
often	[**óf**'n]	freqüentemente	*Bob often travels on business.* O Bob freqüentemente viaja a trabalho.
quickly	[**kui**kli]	rapidamente	*Beth types very quickly.* A Beth digita muito rápido.
quite	[kuait]	muito, um bocado	*This is quite expensive.* Isto é bem caro.
rarely	[**rei**rli]	raramente	*I rarely go out during the week.* Eu raramente saio durante a semana.
recently	[ris'**ntli**]	recentemente	*I haven't bought any clothes recently.* Eu não comprei nenhuma roupa recentemente.
slow(ly)	[slou]	devagar, vagarosamente	*The law requires motorists to drive slowly through school zones.* A lei requer que os motoristas dirijam devagar nas zonas escolares.
soon	[sun]	logo	*She's going to finish the work soon.* Ela vai terminar o trabalho logo.

still	[stil]	ainda (frase positiva)	*Brian still lives with his parents.* O Brian ainda mora com os pais.
then	[dhén]	então	*We went for a walk, then came home.* Nós fomos caminhar e então viemos para casa.
well	[uél]	bem	*She plays tennis really well.* Ela joga tênis muito bem.
yet	[iét]	ainda (em frase negativa)	*I haven't finished my course yet.* Eu ainda não terminei meu curso.

EXERCÍCIO A

Complete as frases com uma palavra que seja o oposto daquela em negrito.

1. He doesn't drive **slowly** in the city. He drives ___*fast*___.
2. They don't go to the beach very **often**. They _____ go to the beach.
3. Hellen doesn't get up **early**. She gets up _____.
4. Mark doesn't speak Spanish very **well**. He speaks very _____.
5. The music in this night club is not **low**. It's very _____.

EXERCÍCIO B

Complete as frases com os advérbios mais apropriados.

[ ] back   [ ] soon   [ ] recently   [X] yet   [ ] already

[ ] quite   [ ] away   [ ] often   [ ] completely   [ ] later

1. He has not finished the book ___*yet*___ He still needs to read fifty pages.
2. I will give you the results as _____ as possible.
3. She's not going to change her car because she bought it _____.
4. He cannot call me now. He was going to call me _____.
5. Bob went to the club at ten and came _____ at midnight.
6. My boss told me my report was _____ good.
7. Sandra will be _____ from the office the whole week.
8. I didn't call him because I _____ forgot about it.
9. How _____ do you visit your dentist? Once a year.
10. Have you _____ seen this film? Yes, I saw it last week.

LIÇÃO 43

Corpo e saúde
Body and health

	pronúncia	definição	exemplo
Aids	[eidz]	Aids	*Many people have Aids in Africa.* Muitas pessoas têm Aids na África.
blood	[blãd]	sangue	*His hands were full of blood.* Suas mãos estavam cheias de sangue.
cancer	[**kan**ser]	câncer	*My friend has cancer.* Meu amigo tem câncer.
dead	[déd]	morto	*The bird is dead.* O pássaro está morto.
die	[dai]	morrer	*If he doesn't take the medication he's going to die.* Se ele não tomar o medicamento, ele vai morrer.
emergency	[i **mãr**djensi]	emergência	*The hospital has an emergency room.* O hospital tem pronto-socorro.
fever	[**fi**ver]	febre	*Brian has a high fever.* O Brian está com febre alta.
heart	[hart]	coração	*He has a strong heart.* Ele tem coração forte.
heart attack	[hart] [e **tak**]	ataque cardíaco	*She had a heart attack last year.* Ela teve um ataque cardíaco no ano passado.
mind	[maind]	mente	*My mind is confused.* Minha mente está confusa.
muscle	[**mã**s'l]	músculo	*He needs to exercise his muscles.* Ele precisa exercitar os músculos.
skin	[skin]	pele	*My skin is red.* Minha pele está vermelha.
sneeze	[sniz]	espirrar	*I can't stop sneezing.* Eu não consigo parar de espirrar.
stomach	[**stã**mek]	estômago	*My stomach is painful.* Meu estômago está dolorido.
surgery	[**sã**rdjeri]	cirurgia	*He needs an emergency surgery.* Ele precisa de uma cirurgia de emergência.

EXERCÍCIO A

Conecte as palavras às suas definições.

1. heart
2. emergency
3. muscle
4. skin
5. stomach
6. mind
7. cough
8. die
9. pain
10. surgery

medical procedures involving operations
the center of thought and memory
digestive organ
external membrane covering the body
organ that pumps blood to the body
release air through the mouth noisily
stop living
requiring, providing, or given immediate medical attention
feeling of discomfort
body tissue that can produce movement

EXERCÍCIO B

Explique seus sintomas ao médico utilizando as palavras abaixo.

[ ] heart   [ ] sneezing   [ ] muscles
[ ] fever   [ ] skin   [X] stomach

1. I ate some strange food and now my *stomach* is very painful.
2. I stayed under the sun for too long and now my _____ is very red and painful.
3. I think I have the flu because my body aches and I can't stop _____.
4. I exercised too much and now my _____ are painful.
5. I think I have a _____ because I'm feeling very cold and my neck is hot.
6. I have a pain in my chest. I think it could be a problem in my _____.

LIÇÃO 44

Verbos 4
Verbs 4

	pronúncia	definição	exemplo
add	[ad]	adicionar	*Please add her name to the list.* Por favor, adicione o nome dela a lista.
appear	[e **pi**er]	aparecer	*The results will appear next year.* Os resultados aparecerão no ano que vem.
build	[bild]	construir	*I want to build a house at the beach.* Eu quero construir uma casa na praia.
carry	[kéri]	carregar	*I need to carry my bags.* Eu preciso carregar minha bagagem.
cry	[krai]	chorar	*The baby is crying.* O bebê está chorando.
decide	[di **said**]	decidir	*I need to decide where to invest the money.* Eu preciso decidir onde investir o dinheiro.
end	[end]	terminar	*The show is going to end in five minutes.* O show vai terminar em cinco minutos.
follow	[fólou]	seguir	*Please follow the example.* Por favor, siga o exemplo.
hear	[hier]	ouvir	*I can't hear you.* Eu não consigo te ouvir.
keep	[kip]	manter, guardar	*Please keep walking!* Por favor, continuem andando!
learn	[lãrn]	aprender	*Fred wants to learn Japanese.* O Fred quer aprender japonês.
mean	[min]	significar	*What does that mean?* O que isto significa?
move	[muv]	mover	*I can't move the table.* Eu não consigo mover a mesa.
own	[oun]	possuir	*He owns many companies.* Ele possui muitas empresas.
pull	[pul]	puxar	*You need to pull the door.* Você precisa puxar a porta.
push	[puch]	empurrar	*Please push the buttom.* Por favor, aperte o botão.
ride	[raid]	andar (a cavalo, moto etc.)	*She loves to ride horses.* Ela adora andar a cavalo.
run	[rãn]	correr	*He usually runs in the park.* Ele geralmente corre no parque.
seem	[sim]	parecer	*This program seems interesting.* Este programa parece interessante.
smile	[smail]	sorrir	*She was smiling at me.* Ela estava sorrindo para mim.
spend	[spend]	gastar, passar	*I don't want to spend too much money.* Eu não quero gastar muito dinheiro.
stand	[stand]	estar/ficar em pé	*He's standing in front of the door.* Ele está de pé em frente à porta.

turn	[tãrn]	virar	*Please turn left.*
			Por favor, vire à esquerda.
wash	[uóch]	lavar	*I'm going to wash my hands.*
			Eu vou lavar as mãos.
wear	[uér]	vestir	*She's wearing a beautiful dress.*
			Ela está usando um vestido lindo.
win	[uin]	vencer	*Ann wants to win the competition.*
			A Ann quer vencer a competição.

EXERCÍCIO A

Complete as frases com os verbos abaixo.

[ ] carrying   [ ] riding   [ ] running   [ ] standing   [ ] crying

[ ] pushing   [ ] pulling   [ ] moving   [X] smiling   [ ] washing

1. She's *smiling* .
2. He's _____ a bike.
3. She's _____ a bag.
4. She's _____ .
5. He's _____ the piano.
6. She's _____ the button.
7. He's _____ .
8. He's _____ the cord.
9. She's _____ .
10. He's _____ his hair.

EXERCÍCIO B

Escolha o verbo mais adequado e complete a frase.

1. I would like to *learn* another language. (learn; decide)
2. The city will _____ a new stadium for the games. (move; build)
3. My car broke down and I had to _____ $500 to fix it. (spend; buy)
4. I'm trying to _____ the instructions but it's difficult. (seem; follow)
5. Mr. White wants to _____ the election. (spend; win)
6. I told the waiter to _____ the change. (pay; keep)
7. Do you _____ a car? Yes, I do. (win; own)
8. She's _____ a nice dress. (using; wearing)

LIÇÃO 45

Miscelânea 2
Miscellaneous 2

	pronúncia	definição	exemplo
also	[óulso]	também	*They like music and they also like movies.* Eles gostam de música e também de filmes.
both	[bouzh]	ambos	*They both have the same car.* Ambos têm o mesmo carro.
competition	[kompe **tich**'n]	competição, concorrência	*There is a lot of competition in this market.* Existe muita concorrência neste mercado.
example	[ig **zam**p'l]	exemplo	*She for example has only one daughter.* Ela, por exemplo, tem apenas uma filha.
great	[greit]	grande, ótimo	*My vacation was great.* Minhas férias foram ótimas.
group	[grup]	grupo	*They're forming a group of experts.* Eles estão formando um grupo de especialistas.
ice	[ais]	gelo	*Please put some ice in my juice.* Por favor, coloque um pouco de gelo no meu suco.
idea	[ai **di** e]	idéia	*That's a good idea!* Essa é uma boa idéia!
land	[land]	terra	*This is the land of the bears.* Esta é a terra dos ursos.
language	[**lang** guidj]	língua	*They speak many languages in Europe.* Falam-se muitas línguas na Europa.
page	[peidj]	página	*This books has five hundred pages.* Este livro tem 500 páginas.
part	[part]	parte	*This is part of the project.* Isto faz parte do projeto.
plant	[plant]	planta	*I have a lot of plants in my house.* Eu tenho muitas plantas na minha casa.
power	[póuer]	poder, força	*The president has a lot of power.* O presidente tem muito poder.
same	[seim]	mesmo	*They're in the same level.* Eles estão no mesmo nível.
sentence	[**sén**t'nss]	frase	*Please complete the sentence.* Por favor, complete a frase.
several	[**sé**verel]	diversos	*There are several problems with the house.* Existem diversos problemas com a casa.
side	[said]	lado	*He lives on the other side of the park.* Ele mora do outro lado do parque.
simple	[**simp**'l]	simples	*This is a simple question.* Esta é uma questão simples.
sound	[saund]	som	*I can hear the sound of music.* Eu ouço o som de música.
story	[stóri]	história	*Martha told me a lovely story.* A Marta me contou uma história adorável.
sure	[chur]	certo	*Are you sure you can do it?* Você está certo de que consegue fazer isso?
thing	[zing]	coisa	*This is a thing of the past.* Isso é coisa do passado.

105

tree	[tri]	árvore	*There is a tree in my back yard.*
			Há uma árvore no meu quintal.
twice	[tu**ais**]	duas vezes	*I went to England twice last year.*
			Eu fui para Inglaterra duas vezes no ano passado.
voice	[vóis]	voz	*I can't hear your voice.*
			Eu não consigo escutar sua voz.
war	[uar]	guerra	*World War I started in 1914.*
			A Primeira Guerra Mundial começou em 1914.
world	[uãrld]	mundo	*They want to travel around the world.*
			Eles querem viajar ao redor do mundo.

EXERCÍCIO A

Encontre as palavras abaixo no quadro.

[**X**] sound   [ ] competition   [ ] example   [ ] thing   [ ] war

[ ] story   [ ] language   [ ] page   [ ] tree   [ ] world

A	S	P	E	F	S	S	O	N	W	R
C	O	M	P	E	T	I	T	I	O	N
T	U	K	A	X	O	Y	H	G	R	I
U	N	A	P	A	R	T	I	L	L	S
W	D	X	A	M	O	I	N	U	D	T
A	I	E	D	P	P	A	G	E	W	O
R	X	W	Q	L	L	J	S	T	I	R
O	V	T	R	E	E	M	F	L	N	Y
D	L	A	N	G	U	A	G	E	A	T

EXERCÍCIO B

Utilize as palavras acima para completar as frases.

1. I could not hear any *sound* outside. It was very quiet.
2. I think it's important to speak more than one _____.
3. The _____ is blank. There is nothing written on it.
4. Please give me an _____ so that I can understand it better.
5. John wants to take part in the _____. He thinks he can win.
6. He did the right _____ by telling the truth.
7. She told me an interesting _____ about her family.
8. This company has offices all over the _____.
9. When I go to the country I like to sit under a _____ and read.
10. I don't like _____ movies because they're usually very violent.

RESPOSTAS DOS EXERCÍCIOS

LIÇÃO 1

Exercício A
1. name
2. country
3. married
4. telephone number
5. state
6. years old
7. email
8. job

Exercício B
horizontal
6. identification
8. divorced
vertical
1. single
2. address
3. live
4. passport
5. city
7. sign

LIÇÃO 2

Exercício A
Male: boy / boyfriend / brother / father / grandfather / husband / man / son / uncle
Female: aunt / daughter / girl / girlfriend / grandmother / mother / sister / wife / woman
Both: baby / child / children / cousin / kid / parent / relative

Exercício B
1. wife
2. son
3. sister
4. daughter
5. grandson
6. grandfather
7. brother
8. father

LIÇÃO 3

Exercício A
1 watching
2. doing
3. drinking
4. taking
5. working
6. reading
7. playing
8. eating
9. listening
10. calling

Exercício B
1. buy
2. coming
3. go
4. know
5. have
6. like
7. looking
8. needs
9. get
10. want

LIÇÃO 4

Exercício A
1. refrigerator
2. garden
3. living room
4. kitchen
5. garage
6. floor
7. closet
8. bathroom
9. bedroom
10. window

Exercício B
a. 10
b. 19
c. 3
d. 4
e. 18
f. 6
g. 21
h. 2
i. 8
j. 9
k. 15
l. 5
m. 16
n. 1
o. 11
p. 12
q. 22
r. 13
s. 14
t. 17
u. 7
v. 20

LIÇÃO 5

Exercício A
1. confused
2. sleepy
3. sad
4. surprised
5. embarrassed
6. happy
7. angry
8. crazy

Exercício B
1. small
2. good
3. near
4. rich
5. fast
6. cheap
7. cold
8. old
9. difficult
10. long

LIÇÃO 6

Exercício A
1. abroad
2. passport
3. flight
4. arrive
5. baggage
6. travel
7. ticket
8. gate

Exercício B
1. airline
2. leaves
3. seat bealt
4. fly
5. check in
6. airplanes

7. restroom
8. departure
9. business
10. international
11. coffee shop
12. domestic

LIÇÃO 7

Exercício A
1. basketball
2. swimming
3. ice skating
4. tennis
5. sailing
6. soccer
7. volleyball
8. running
9. skiing
10. baseball

Exercício B

individual	team
running	basketball
swimming	swimming
ice skating	sailing
tennis	soccer
sailing	volleyball
skiing	baseball

LIÇÃO 8

Exercício A
1. cat
2. fish
3. spider
4. tiger
5. rabbit
6. elephant
7. monkey
8. crocodile
9. lion
10. snake

Exercício B
1. horse
2. pig
3. giraffe
4. bird
5. mouse
6. duck
7. dog
8. cow

LIÇÃO 9

Exercício A
1. post office
2. train station
3. restaurant
4. museum
5. subway
6. subway station
7. fire station
8. mall

Exercício B
1. bus
2. bus
3. coffee
4. train
5. office
6. pedestrian
7. fire
8. post
9. police
10. traffic
11. subway
12. phone

LIÇÃO 10

Exercício A
a. twenty-two
b. thirty-five
c. zero
d. fifty-five
e. a hundred ten
f. five hundred
g. two thousand
h. a million

Exercício B
a. first
b. second
c. third
d. seventh
e. tenth
f. twenty-fifth
g. thirty-seventh
h. forty-ninth
i. twenty thousand five hundred forty-five
j. a hundred thousand eighty
k. a million eight hundred
l. a billion

LIÇÃO 11

Exercício A
1. hot dog
2. cheese
3. French fries
4. bread
5. chicken
6. pizza
7. ice cream
8. egg
9. tomato
10. banana

Exercício B
1. pasta
2. coffee
3. apple
4. lemon
5. hamburger
6. salad
7. milk
8. orange
9. fish
10. meat

LIÇÃO 12

Exercício A
a. 7
b. 4
c. 2
d. 5
e. 9
f. 6
g. 11
h. 1
i. 3
j. 10
k. 8

Exercício B
1. cup
2. breakfast
3. knife
4. dessert
5. meals
6. fast food
7. bar
8. menu
9. barbecue
10. dinner

LIÇÃO 13

Exercício A
1. empty – full
2. thick – thin
3. fat – thin
4. worse – better
5. closed – open
6. right – wrong
7. beautiful – ugly
8. little – large
9. busy – free
10. old – young

Exercício B
1. young
2. busy
3. closed
4. wrong
5. thin
6. large
7. full
8. beautiful
9. empty
10. thick

LIÇÃO 14

Exercício A
horizontal
1. toe
2. foot
3. hand
4. eye
6. hair
vertical
1. tooth
2. finger
5. ear

Exercício B
1. head
2. legs
3. nose
4. back
5. face
6. knee
7. neck
8. body

LIÇÃO 15

Exercício A
1. find
2. talk
3. wait
4. love
5. start
6. receive
7. bring
8. drive
9. open
10. see

Exercício B
1. lose – find
2. close – open
3. finish – start
4. remember – forget
5. give – receive
6. ask – answer
7. leave – arrive

LIÇÃO 16

Exercício A
1. Friday
2. night
3. morning
4. yesterday
5. tomorrow
6. today
7. day after tomorrow
8. Sunday
9. weekend
10. afternoon

Exercício B
1. Saturday
2. Sunday
3. Thursday
4. Wednesday
5. Tuesday
6. Wednesday
7. Sunday
8. Saturday

LIÇÃO 17

Exercício A
1. January
2. November
3. May
4. April
5. August
6. July
7. March
8. September
9. December
10. October
11. February
12. June

Exercício B
1. winter
2. spring
3. summer
4. fall

LIÇÃO 18

Exercício A
1. rainy
2. cold – windy
3. sunny – hot
4. dry – degrees
5. foggy – Fahrenheit
6. snowy

Exercício B
1. rain
2. hot
3. freezing
4. cool
5. heat
6. storm
7. cloudy
8. humid

LIÇÃO 19

Exercício A
1. always
2. maybe
3. about
4. again
5. down
6. every
7. sometimes
8. usually
9. really
10. never

Exercício B
1. really
2. sometimes
3. again
4. every
5. never
6. usually
7. down

8. about
9. maybe
10. always

LIÇÃO 20

Exercício A
1. pet shop
2. newsstand
3. music store
4. butcher's
5. flower shop
6. shoe store
7. furniture store
8. post office

Exercício B
1. bank
2. drugstore
3. gas station
4. stationery store
5. bakery
6. supermarket
7. hairdresser's
8. jeweler's

LIÇÃO 21

Exercício A
1. skirt
2. blouse
3. glasses
4. shoes
5. ring
6. shorts
7. T-shirt
8. shoes
9. socks
10. watch

Exercício B
1. coat
2. jacket
3. underwear
4. hat
5. purse
6. wallet
7. boot
8. suit
9. dress
10. pants

LIÇÃO 22

Exercício A
1. yellow
2. green
3. blue
4. white
5. red
6. orange
7. black
8. brown

Exercício B
1. pound
2. kilogram
3. inch
4. square meter
5. foot/feet
6. small
7. miles per hour
8. extra large

LIÇÃO 23

Exercício A
1. sell
2. spends
3. credit card
4. change
5. invest
6. inflation
7. produces
8. currency

Exercício B
1. interest
2. checks
3. businessperson
4. deposit
5. coins
6. debt
7. bills
8. market

LIÇÃO 24

Exercício A
1. buy
2. stores
3. price
4. cost
5. size
6. tried on
7. take

8. pay
9. credit card
10. receipt

Exercício B
1. bicycle
2. ship
3. train
4. plane
5. bus
6. helicopter
7. subway train
8. motorcycle
9. car
10. boat

LIÇÃO 25

Exercício A
horizontal
1. Argentinean
5. Spain
6. Brazil
8. Asia
9. Germany
10. Canadian
vertical
2. Russia
3. American
4. Japanese
7. Africa

Exercício B
1. The United States – American – English
2. Brazil – Brazilian – Portuguese
3. France – French – French
4. Mexico – Mexican – Spanish
5. Australia – Australian – English
6. Portugal – Portuguese – Portuguese
7. China – Chinese – Chinese
8. England – British – English

LIÇÃO 26

Exercício A
1. computer
2. desk
3. paper
4. pen
5. pencil
6. telephone

7. fax machine
8. cell phone

Exercício B
1. presentation
2. visiting
3. message
4. meeting
5. salary
6. office
7. boss
8. factory

LIÇÃO 27

Exercício A
1. postman
2. dentist
3. firefighter
4. nurse
5. hairdresser
6. police officer

Exercício B
1. teacher
2. doctor
3. waiter
4. actor
5. mechanic
6. bus driver
7. bank clerk
8. shop assistant

LIÇÃO 28

Exercício A
1. treat
2. drugstore
3. prescription
4. pregnant
5. sick
6. painful

Exercício B
1. toothache
2. cold
3. headache
4. broken
5. sore throat
6. cough
7. burnt
8. stomach ache

LIÇÃO 29

Exercício A

music	film	TV program
pop	comedy	series
reggae	thriller	news
rock	drama	interview
	action	

Exercício B
1. watching a movie
2. watching a play
3. listening to music
4. playing video game
5. watching TV
6. reading a letter

LIÇÃO 30

Exercício A
horizontal
1. information
5. travel
8. sight
9. tour
vertical
2. fun
3. road
4. tourists
6. enjoy
7. museum

Exercício B
1. beach
2. club
3. country
4. mountains
5. museum
6. park

LIÇÃO 31

Exercício A
1. on
2. in
3. over
4. across
5. in front of
6. under
7. between
8. behind

Exercício B
1. by
2. for
3. after
4. without
5. for
6. until
7. except
8. since

LIÇÃO 32

Exercício A

A	**S**	**U**	**R**	**F**	Y	G	J	I	L	O
F	S	A	**P**	E	L	D	S	N	A	**P**
V	T	**U**	**R**	**F**	H	P	A	T	L	**R**
E	R	L	**I**	X	B	R	O	K	J	**O**
B	**D**	K	**N**	D	R	A	I	V	Q	**G**
I	**E**	P	**T**	W	E	N	A	Z	D	**R**
P	**L**	M	W	L	P	T	M	I	O	**A**
L	**E**	I	S	**V**	**I**	**R**	**U**	**S**	A	**M**
G	**T**	O	V	B	F	T	Y	S	R	G
S	**E**	**A**	**R**	**C**	**H**	**E**	**D**	A	E	R
M	H	**M**	**E**	**S**	**S**	**A**	**G**	**E**	**S**	W

Exercício B
1. print
2. delete
3. searched
4. program
5. send
6. surf
7. messages
8. virus

LIÇÃO 33

Exercício A
1. air conditioning
2. business center
3. fitness center
4. in-room safe
5. laudry service
6. parking
7. restaurant/coffee shop
8. room service
9. sauna
10. swimming pool
11. satellite television

Exercício B
1. check in
2. checking out
3. book
4. vacancies
5. room service

111

6. business center
7. fitness center
8. swimming pool

LIÇÃO 34

Exercício A
1. teacher – a person who teaches
2. high school – a place of education for children aged 11 to 17-18
3. kindergarten – a place of education for children aged 3 to 5
4. exam – test to see how much you know
5. student – a person who studies
6. homework – work the teacher asks students to do at home
7. grade – number or letter a teacher gives to a piece of work
8. classmate – someone who is in the same class as you at scholl

Exercício B

people	places	work
student	high school	exam
teacher	university	homework
	elementary school	grade

LIÇÃO 35

Exercício A
1. wedding
2. birthday
3. Christmas
4. New Year's Eve
5. guitar
6. piano
7. drums
8. violin

Exercício B
1. birthday
2. wedding
3. holidays
4. present
5. party
6. occasion
7. celebrate
8. piano

LIÇÃO 36

Exercício A
horizontal
3. newspaper
4. camera
5. comb
8. perfume
vertical
1. magazine
2. pencil
5. mirror
7. key

Exercício B
1. shirt – cotton
2. cassette – plastic
3. table – wood
4. wedding ring – gold
5. aquarium – glass
6. shoes – leather
7. car – steel
8. sweater – wool

LIÇÃO 37

Exercício A
1. I think this shirt is too big.
2. He thinks this painting is very pretty.
3. In my opinion this is house is expensive.
4. The film was very interesting.
5. The exam was so difficult!
6. I think it's convenient to call her now.
7. She thinks it's a good time to talk about the problems.
8 This hotel is terrible.

Exercício B
1. enough
2. very
3. too
4. quite
5. so
6. more
7. enough, too
8. less

LIÇÃO 38

Exercício A
1. problem
2. farm
3. life
4. way
5. system
6. nobody
7. place
8. everybody
9. kind
10. questions

Exercício B
1. problem
2. farm
3. kind
4. life
5. place
6. nobody
7. questions
8. system
9. everybody
10. way

LIÇÃO 39

Exercício A
1. sandwich
2. pasta
3. steak
4. cake
5. candy
6. pear
7. carrot
8. jam
9. rice
10. soft drink

Exercício B
1. chocolate
2. tea
3. butter
4. pork
5. wine
6. pasta
7. bacon
8. ham
9. sausage
10. cookie

LIÇÃO 40

Exercício A
1. sell
2. let
3. use
4. pay
5. show
6. invited
7. help
8. enjoy
9. change
10. prefer

Exercício B
1. waking up
2. swimming
3. putting
4. dancing
5. cooking
6. singing
7. washing
8. sleeping

LIÇÃO 41

Exercício A
1. clean – dirty
2. dark – light
3. early – late
4. soft – hard
5. high – low
6. light – dark
7. narrow – wide
8. strong – weak
9. stupid – smart
10. quiet – noisy
11. tall – short

Exercício B
1. dirty
2. hard
3. high
4. early
5. narrow
6. heavy
7. weak
8. dark
9. smart
10. noisy
11. tall

LIÇÃO 42

Exercício A
1. fast
2. rarely
3. late
4. badly
5. loud

Exercício B
1. yet
2. soon
3. recently
4. later
5. back
6. quite
7. away
8. completely
9. often
10. already

LIÇÃO 43

Exercício A
1. heart – organ that pumps blood to the body
2. emergency – requiring, providing or given immediate medical attention
3. muscle – body tissue that can produce movement
4. skin – external membrane covering the body
5. stomach – digestive organ
6. mind – the center of thought and memory
7. cough – release air through the mouth noisily
8. die – stop living
9. pain – feeling of discomfort
10. surgery – medical procedures involving operations

Exercício B
1. stomach
2. skin
3. sneezing
4. muscles
5. fever
6. heart

LIÇÃO 44

Exercício A
1. smiling
2. riding
3. carrying
4. running
5. moving
6. pushing
7. standing
8. pulling
9. crying
10. washing

Exercício B
1. learn
2. build
3. spend
4. follow
5. win
6. keep
7. own
8. wearing

LIÇÃO 45

Exercício A

```
A  S  P  E  F  S  S  O  N  W  R
C  O  M  P  E  T  I  T  I  O  N
T  U  K  A  X  O  Y  H  G  R  I
U  N  A  P  A  R  T  I  L  L  S
W  D  X  A  M  O  I  N  U  D  T
A  I  E  D  P  P  A  G  E  W  O
R  X  W  Q  L  L  J  S  T  I  R
O  V  T  R  E  E  M  F  L  N  Y
D  L  A  N  G  U  A  G  E  A  T
```

Exercício B
1. sound
2. language
3. page
4. example
5. competition
6. thing
7. story
8. world
9. tree
10. war

GLOSSÁRIO INGLÊS – PORTUGUÊS

Os números entre parênteses referem-se à(s) lição(ões) em que as palavras aparecem.

a lot (of) (38) muito (muitos)
about (19) a respeito de
abroad (6) no ou para o exterior/estrangeiro
account (23) conta
across (31) no ou para o outro lado
action (29) ação
actor (27) ator
add (44) adicionar
address (1) endereço
adventure (29) aventura
Africa (25) África
after (31) depois
afternoon (16) tarde
again (19) mais uma vez, de novo, outra vez
age (1) idade
ago (19) atrás (no sentido de tempo)
Aids (43) Aids
air-conditioning (33) ar condicionado
airline (6) companhia aérea
airplane (ou apenas plane) (6)(24) avião
airport (6) aeroporto
all (19) completamente, totalmente
almost (19) quase
alone (42) sozinho
already (42) já
also (45) também
always (19) sempre
America (25) América
American (25) americano
angry (5) zangado, furioso
animal (8) animal
anniversary (35) aniversário (qualquer aniversário exceto de nascimento)
answer (15)(38) reponder, resposta
apartment (4) apartamento
appear (44) aparecer
apple (11) maçã
appointment (26) compromisso, hora marcada
April (17) abril
architect (27) arquiteto
Argentina (25) Argentina
Argentinean (25) argentino
arm (14) braço
around (midnight) (42) por volta de
arrive (6)(15) chegar (a/ao)
as (usual) (42) como
Asia (25) Ásia
ask (15) perguntar, pedir
at (31) em, no(s), na(s)
athlete (7) atleta
attach (32) anexar
August (17) agosto
aunt (2) tia
Australia (25) Austrália
Australian (25) australiano
avenue (9) avenida
away (42) para longe, fora

baby (2) bebê
back (14)(42) costas; para trás, atrás
bacon (39) toucinho (bacon)
bad (5)(37) ruim, mau
badly (42) mal
bag (34) bolsa, sacola
baggage (6) bagagem
bakery (20) padaria
ball (7) bola
banana (11) banana
bank (20) banco
bank clerk (27) caixa de banco
bar (12) bar
barbecue / barbeque (12) churrasco
baseball (7) beisebol
basket (36) cesto
basketball (7) basquete
bathroom (4) banheiro
beach (30) praia
beautiful (13)(37) bonito, lindo
bed (4)(33) cama
bedroom (4) quarto
beef (11) bife
beer (11) cerveja
before (31) antes
behind (31) atrás
bell boy (33) boy de hotel
best (38) melhor (de todos)
better (13) melhor
between (31) entre
bicycle (bike) (24) bicicleta
big (5)(37) grande
bill (23) nota, cédula; conta
billion (10) bilhão
bird (8) pássaro
birthday (35) aniversário (de nascimento)
black (22) preto
block (9) quarteirão
blood (43) sangue
blouse (21) blusa
blue (22) azul
boat (24) barco
body (14) corpo
book (33)(34) livro; reservar
boot (21) bota
boring (37) chato
boss (26) chefe
both (45) ambos
box (36) caixa
boy (2) garoto
boyfriend (2) namorado
Brazil (25) Brasil
Brazilian (25) brasileiro
bread (11) pão
break (40) quebrar
breakfast (12) café da manhã
bridge (9) ponte
bring (15) trazer
British (25) inglês (nac.)
broken (28) quebrado
brother (2) irmão

114

brown (22) marrom
browse (24) olhar sem compromisso
browser (32) navegador (Internet)
brush (36) escova
build (44) construir
burn (28) queimar
bus (24) ônibus
bus driver (27) motorista de ônibus
bus station (9) terminal rodoviário
bus stop (9) ponto de ônibus
business (6)(23) a trabalho / negócios
business person (23) homem / mulher de negócios
busy (13) ocupado
butcher's (20) açougue
butter (39) manteiga
buy (3)(24) comprar
by (31) por

cake (39) bolo
call (26) (3) ligação, ligar, chamar
(digital) camera (36) câmera (câmera digital)
Canada (25) Canadá
Canadian (25) canadense
cancer (43) câncer
candy (39) bala, doce
car (24) carro
cards (7) cartas
carrot (39) cenoura
carry (44) carregar
cartoon (animated movie) (29) desenho animado
cash (a check) (23)(24) converter em dinheiro (um cheque); in cash, em dinheiro vivo
cashier (24) caixa (para pagamento)
cat (8) gato
CD Rom (32) CD Rom
celebrate (35) celebrar, comemorar
cell phone (26)(36) telefone celular
Celsius (18) Celsius
cereal (39) cereal
chair (4) cadeira
change (24)(40) mudar, trocar
charge (24) debitar, cobrar
cheap (5) barato
check (12)(23) conta, cheque
check in (6)(33) registrar-se, fazer o check-in
check out (33) fechar a conta
cheese (11) queijo
chess (7) xadrez
chest (14) peito
chicken (11) frango
child (plural = children) (2) criança / crianças
China (25) China
Chinese (25) chinês
(hot) chocolate (39) chocolate (quente)
Christmas (35) Natal
church (9) igreja
city (1) cidade
class (34) aula
classical (29) clássico(a)
classmate (34) colega de sala
classroom (34) sala de aula
clean (41) limpo
clinic (28) clínica
clock (36) relógio (de mesa, parede, etc.)
close (15) fechar
closed (13) fechado
closet (4) armário
cloth (36) tecido
clothing store (20) loja de roupas
cloud / cloudy (18) nuvem, nublado
club (30) clube
coat (21) casaco
coffee (11) café
coffee shop (6)(9) casa de café
coin (23) moeda
cold (5)(18)(28) frio; resfriado
collection (stamps, cds, comic books, etc.) (7) coleção (selos, cds, etc.)

college (34) faculdade
color (22) cor
comb (36) pente
come (3) vir
comedy (29) comédia
company (26) empresa
competition (45) competição, concorrência
completely (42) completamente
computer (26)(32) computador
confused / confusing (5) (estar) confuso / (ser) confuso
contract (26) contrato
convenient (37) conveniente
convention (33) convenção
cook (40) cozinhar
cookie (39) biscoito
cool (18) fresco
copy (32) cópia; copiar
correct (38) correto
cost (15)(24) custar
cotton (36) algodão
cough (28) tosse; tossir
country (1)(3) país; campo
court (7) quadra
cousin (2) primo(a)
cow (8) vaca
crazy (5) louco
credit card (23)(24) cartão de crédito
crocodile (8) crocodilo
cry (44) chorar
cup (12) xícara
currency (23) moeda (de um país)
cut (40) cortar

D

dance (40) dançar
dark (41) escuro
daughter (2) filha
day (16) dia
dead (43) morto
debt (23) débito
December (17) dezembro
decide (44) decidir

degree (18) grau
dentist (27) dentista
department (26) departamento
department store (20) loja de departamentos
departure (6) saída, partida
deposit (23) depósito; depositar
desk (26) mesa (escrivaninha)
dessert (12) sobremesa
develop (23) desenvolver
die (43) morrer
difficult (5)(37) difícil
dining room (4) sala de jantar
dinner (12) jantar
director (26) diretor
dirty (41) sujo
discount (24) desconto
disease (28) doença
divorced (1) divorciado(a)
do (3) fazer
doctor (27)(28) médico
document (26)(32) documento
dog (8) cachorro, cão
domestic (6) doméstico
door (4) porta
down (19)(31) abaixo, para baixo
download (32) baixar (fazer o download)
downtown (9) centro da cidade
drama (29) drama
dress (21) vestido
drink (3)(11)(12) beber, bebida
drive (15) dirigir
drugstore (20)(28) farmácia
drum (35) bateria
dry (18) seco
duck (8) pato
DVD (32) DVD

E

ear (14) orelha
early (41)(42) cedo
easy (5)(37) fácil
eat (3)(12) comer

education (34) educação
egg (11) ovo
elementary school (34) ensino fundamental I
elephant (8) elefante
email (1)(32) e-mail
embarrassed/ embarassing (5) (estar) envergonhado, constrangido / embaraçoso
emergency (43) emergência
empty (13) vazio
end (44) terminar
engineer (27) engenheiro
England (25) Inglaterra
enjoy (30)(40) desfrutar, curtir
enough (37) suficiente
erase / delete (32) apagar
Europe (25) Europa
evening (16) noitinha (ao anoitecer)
event (35) evento
every (day) (19) todo (dia)
everybody (38) todos
everything (38) tudo
exam (34) exame
example (45) exemplo
except (31) exceto
exchange (23) troca, trocar
expensive (5)(37) caro
eye (14) olho

F

fabric (36) tecido
face (14) rosto
factory (26) fábrica
Fahrenheit (18) Fahrenheit
fall (17) outono
family (2) família
far (5) longe, distante
farm (38) fazenda
fast (5) rápido
fast food (12) fast food
fat (13) gordo
father (dad) (2) pai
fax machine (26) aparellho de fax
February (17) fevereiro
feel (40) sentir
fever (43) febre

few (38) pouco (poucos)
field (7) campo
fifth (10) quinto
fifty (10) cinqüenta
file (32) arquivo
film / movie (29) filme
find (15) encontrar
finger (14) dedo
finish (15) terminar, acabar
fire station (9) quartel dos bombeiros
firefighter (27) bombeiro
first (10) primeiro
fish (8)(11) peixe
fitness center (33) sala de ginástica
flight (6) vôo
floor (4) piso, andar
flower shop (20) floricultura
flu (28) gripe
fly (6) voar
fog / foggy (18) neblina / com neblina
follow (44) seguir
food (11) comida
foot (plural = feet) (14)(22) pé / pés
for (31) para
forget (15) esquecer
fork (12) garfo
forty (10) quarenta
fourth (10) quarto
France (25) França
free (13) livre
freezing (18) congelante
French (25) francês
French fries (11) batata frita
Friday (16) sexta-feira
friend (2) amigo
fruit (11) fuita
full (13) cheio
fun (30)(37) diversão
furniture store (20) loja de móveis
future (16) futuro

game (7) jogo
garage (4) garagem

garden (4) jardim
gas station (20) posto de gasolina
gate (6) portão
German (25) alemão
Germany (25) Alemanha
get (3) receber, obter, ganhar, ficar, contrair, apanhar, conseguir, tomar, comer, compreender, entender, possuir
giraffe (8) girafa
girl (2) garota
girlfriend (2) namorada
give (15) dar
glass (12)(36) copo; vidro
(a pair of) glasses (21) óculos
glove (21) luva
go (3) ir
gold (36) ouro
good (5)(37) bom
grade (34) nota
grandfather (2) avô
grandmother (2) avó
gray (22) cinza
great (45) grande, ótimo
green (22) verde
grocery store (20) armazém
group (45) grupo
guest (33) hóspede
gun (36) arma
(electric) guitar (35) violão, guitarra (elétrica)
gym (7) academia de ginástica

H

hair (14) cabelo
hairdresser (27) cabeleireiro
hairdresser's / beauty shop (20) salão de cabeleireiro
hall (4) corredor
ham (39) presunto
hamburger (11) hambúguer
hand (14) mão
happy (5) feliz
hard (41) duro, difícil
hardware (32) equipamento

hat (21) chapéu
have (3) ter
head (14) cabeça
headache (28) dor de cabeça
health (28) saúde
hear (44) ouvir
heart (43) coração
heart attack (43) ataque cardíaco
heat (18) calor
heavy (41) pesado
helicopter (24) helicóptero
help (32)(40) ajudar, ajuda
here (19) aqui
high (41) alto
high school (34) ensino fundamental II e ensino médio
hobby (7) hobby
holiday (35) feriado
homework (34) lição de casa
horror (29) horror
horse (8) cavalo
hospital (9) hospital
hot (5)(18) quente
hot dog (11) cachorro quente
hotel (9)(33) hotel
hour (16) hora
house/home (4) casa
how many (24) quantos (contáveis)
how much (24) quanto (incontável)
humid (18) úmido
hundred (10) cem
hurt (28) machucar, doer
husband (2) marido

ice (45) gelo
ice cream (11) sorvete
idea (45) idéia
identification (1) identificação, identidade
important (37) importante
in (19)(31) em; dentro
in front of (31) em frente
inch (22) polegada
India (25) Índia

Indian (25) indiano
industry (23) indústria (setor industrial)
inflation (23) inflação
information (1)(30) informação
insect (8) inseto
instrument (35) instrumento
interest (23) juro
interesting (37) interessante
international (6) internacional
interview (26)(29) entrevista
invest / investment (23) investir / investimento
invite (40) convidar
iron (36) ferro

J

jacket (21) jaqueta
jam (39) geléia
January (17) janeiro
Japan (25) Japão
Japanese (25) japonês
(a pair of) jeans (21) jeans
jeweller´s (20) joalheria
job (1) emprego, profissão
jog / jogging (7) correr devagar / jogging
juice (39) suco
July (17) julho
June (17) junho
just (= only) (42) apenas

K

keep (44) manter, guardar
ketchup (39) ketchup
key (36) chave
keyboard (32) teclado
kid (2) criança
kilo (22) quilo
kilometer (22) quilômetro
kind (38) tipo
kindergarten (34) ensino infantil
kitchen (4) cozinha
knee (14) joelho

117

knife (12) faca
know (3) saber, conhecer

L

lamp (4) abajur
land (45) terra
language (45) língua
large / x large (13)(22) grande / extra grande
last (week, month, etc) (16) (semana, mês, etc.) passado(a)
late (41)(42) tarde
lately (42) ultimamente
later (42) mais tarde
laundry (33) lavanderia
lawyer (27) advogado
learn (44) aprender
leather (36) couro
leave (6)(15) sair, partir, deixar
leg (14) perna
lemon (11) limão
less (37) menos
let (40) permitir, deixar
lettuce (11) alface
library (9) biblioteca
life (38) vida
light (41) leve, claro
like (3) gostar
link (32) (link) vínculo
lion (8) leão
listen (3)(29) escutar
little (13) pequeno
live (1) morar, viver
living room (4) sala de estar
loan (23) empréstimo, emprestar (dinheiro)
lobby (33) saguão
long (5) longo, comprido
look (3) olhar
lose (15) perder
loud (42) alto (som)
love (15) amar
low (41)(42) baixo
lunch (12) almoço

machine (36) máquina
magazine (36) revista
maid (33) camareira
main dish (12) prato principal
make (15)(23) fazer
mall (9) shopping
man (2) homem
manager (26) gerente
manufacture (26) produzir
map (30) mapa
March (17) março
market (23) mercado
married (1) casado(a)
match (7) jogo
material (36) material
May (17) maio
maybe (19) talvez
meal (12) refeição
mean (44) significar
measure (22) medida
meat (11) carne
mechanic (27) mecânico
medicine / medication (28) remédio / medicação
medium (22) médio
meet (40) encontrar
meeting (26) reunião
menu (12) cardápio
message (26)(32) mensagem
metal (36) metal
meter (22) metro
Mexican (25) mexicano
Mexico (25) México
mile (22) milha
milk (11) leite
million (10) milhão
mind (43) mente
minute (16) minuto
mirror (36) espelho
modern (41) moderno
Monday (16) segunda-feira
money (23) dinheiro
monkey (8) macaco
month (16)(17) mês
monument (30) monumento
more (19)(37) mais
morning (16) manhã
most (38)(42) maioria, a maior parte

mother (mom) (2) mãe
motorcycle (motorbike) (24) motocicleta
mountain (30) montanha
mouse (8) camundongo
mouth (14) boca
move (44) mover
movie theater (29) cinema
muscle (43) músculo
museum (9)(30) museu
music (29) música (em geral)
music store (20) loja de música

name (1) nome
napkin (12) guardanapo
narrow (41) estreito
near (5) próximo, perto
neck (14) pescoço
need (3) precisar
never (19) nunca
new (5) novo, moderno
New Year´s Day / Eve (35) Ano Novo / Véspera de Ano Novo
news (29) noticiário
newspaper (36) jornal
newsstand (20) banca de jornais
next (week, month, etc) (16) próximo(a) (semana, mês, etc.)
nice (37) bom, legal
night (16) noite
no (19) não
nobody (38) ninguém
noisy (41) barulhento
nose (14) nariz
nothing (38) nada
novel (29) romance (livro)
November (17) novembro
now (16) agora
(telephone) number (1) número (de telephone)
nurse (27)(28) enfermeiro

118

O

occasion (35) ocasião
ocean (30) oceano
October (17) outubro
of (31) de
off (31) para fora, desligado
office (26) escritório
office building (9) prédio de
  escritórios
often (42) freqüentemente
old (5) velho, antigo
on (31) sobre
once (19) uma vez
onion (11) cebola
only (19) somente
open (13)(15) abrir, aberto
opinion (37) opinião
orange (11)(22) laranja
other (38) outro
(microwave) oven (4)(36)
  forno (de microondas)
own (44) possuir
owner (23) proprietário

P

page (45) página
pain / painful (28) dor /
  dolorido
(a pair of) pants (21) calças
paper (26) papel
parent (2) pai ou mãe (pais)
park (9)(30) estacionar;
  parque
parking lot (33)
  estacionamento
part (45) parte
party (35) festa
passport (1)(6) passaporte
past (16) passado
pasta (39) massa
pay (24)(40) pagar
pear (39) pêra
pedestrian crossing (9)
  passagem de pedestres
pen (26) caneta
pencil (26) lápis
pepper (39) pimenta

perfume (36) perfume
person / people (2) pessoa /
  pessoas
pet (8) animal de estimação
pet shop (20) loja de animais
  de estimação
phone booth (9) cabine
  telefônica
piano (35) piano
picture / photo (30) foto
pig (8) porco
pill (28) comprimido
pink (22) rosa
pizza (11) pizza
place (38) lugar
plan (26) plano
plant (45) planta
plastic (36) plástico
plate (36) prato
play (3)(29) jogar, brincar,
  tocar (um instrumento);
  peça de teatro
player (7) jogador
police officer (27) policial
police station (9) delegacia
  (de polícia)
poor (5) pobre
pop (29) popular
pork (39) carne de porco
Portugal (25) Portugal
Portuguese (25) português
post office (9)(20) correio
postman (27) carteiro
potato (11) batata
pound (22) libra (peso)
power (45) poder, força
prefer (40) preferir
pregnant (28) grávida
prescribe / prescription (28)
  prescrever, receita (do
  médico)
present (16)(35) presente
presentation (26)
  apresentação
pretty (37) bonito
price (24) preço
print (printer) (32) imprimir,
  impressora
problem (38) problema
produce (23) produzir
product (38) produto
professor (34) professor

universitário
profit (23) lucro
program (29)(32) programa
pull (44) puxar
purse (21) bolsa
push (44) empurrar
put (40) por, colocar

Q

question (38) pergunta
quickly (42) rapidamente
quiet (41) silencioso
quite (37)(42) bem; muito, um
  bocado
quiz (34) teste curto e rápido

R

rabbit (8) coelho
rain / rainy (18) chuva /
  chuvoso
rarely (42) raramente
read (3)(29) ler
ready (13) pronto
really (19) realmente
receipt (24) recibo
receive (15)(32) receber
recently (42) recentemente
reception (33) recepção
red (22) vermelho
refrigerator (4) geladeira
reggae (29) reggae
relative (2) parente
relax (30) relaxar
remember (15) lembrar
report (26) relatório
reservation (12)(33) reserva
rest (30) descansar
restaurant (12) restaurante
restroom (6) banheiro
rice (39) arroz
rich (5) rico
ride (44) andar (a cavalo,
  moto, etc)
right (13) direito, correto,
  certo
ring (21) anel

119

road (30) estrada
rock (29) rock
room (33) quarto
round (22) redondo
run / running (7)(44) correr / corrida
Russia (25) Rússia
Russian (25) russo

S

sad (5) triste
safety deposit box / in room safe (33) cofre
sail / sailing (7) velejar / iatismo
salad (11) salada
salary (26) salário
(on) sale (24) (em) liqüidação
salt (39) sal
same (45) mesmo
sandwich (39) sanduíche
Saturday (16) sábado
sauna (33) sauna
sausage (39) salsicha
save (32) salvar
sax (35) saxofone
say (40) dizer
schedule (26) horário
school (9)(34) escola
sea (30) mar
search (32) busca, buscar
Season (17) estação do ano
seat belt (6) cinto de segurança
second (10)(16) segundo
secretary (26) secretário(a)
see (15) ver
seem (44) parecer
sell (23)(40) vender
send (32) enviar
sentence (45) sentença, frase
September (17) setembro
series (29) seriado
(room) service (33) serviço (de quarto)
several (45) diversos
shape (22) formato
ship (24) navio
shirt (21) camisa

shoe (21) sapato
shoe store (20) loja de sapatos
shop assistant (27) atendente de loja
shop ou store (24) loja
short (5)(41) curto; baixo
shorts (21) short, calção
shoulder (14) ombro
show (40) mostrar
sick (28) doente
side (45) lado
sidewalk (9) calçada
sight (go sightseeing) (30) pontos turísticos (visitar os pontos turísticos)
sign / signature (1)(9) assinar / assinatura
silk (36) seda
silver (36) prata
simple (45) simples
since (31) desde
sing (40) cantar
single (1) solteiro(a)
sister (2) irmã
sit (down) (40) sentar-se
sixth (10) sexto
sixty (10) sessenta
size (22)(24) tamanho
(web)site (32) site
skate / skating (7) patinar / patinação
ski / skiing (7) esquiar / esqui
skin (43) pele
skirt (21) saia
sleep (40) dormir
sleepy (5) sonolento, com sono
slow(ly) (5)(42) devagar, vagarosamente
small (5)(22) pequeno
smart (41) esperto, inteligente
smile (44) sorrir
smoke (15) fumar
snake (8) cobra
sneakers (21) tênis
sneeze (43) espirrar
snow / snowy (18) neve / com neve
so (37) tão
soap opera (29) novela
soccer (football) (7) futebol

sock (21) meia
sofa (4) sofa
soft (41) macio
soft drink (39) refrigerante
software (32) software
somebody (38) alguém
something (38) alguma coisa
sometimes (19) de vez em quando
son (2) filho
song (29) música, canção
soon (16)(42) logo, em breve
sore throat (28) dor de garganta
sound (45) som
soup (39) sopa
souvenir (30) lembrança
Spain (25) Espanha
Spanish (25) espanhol
speak (15) falar
special (35) especial
spend (23)(44) gastar
spider (8) aranha
spoon (12) colher
sport (7) esporte
sports store (20) loja de materiais esportivos
spring (17) primavera
square (22) quadrado
stairs (4) escada
stand (44) estar/ficar em pé
star (38) estrela
start (15) começar, iniciar
state (1) estado
stationary store (20) papelaria
stay (33)(40) ficar, estadia
steak (39) filé
steel (36) aço
stereo (4) equipamento de som
still (42) ainda (frase positiva)
stomach (43) estômago
stomachache (28) dor de estômago
stop (15) parar
storm (18) tempestade
story (45) história
stove (4) fogão
street (9) rua
strong (41) forte
student (34) aluno
study (15)(34) estudar

stupid (41) estúpido
subway (24) metrô
subway station (9) estação de metrô
sugar (39) açúcar
suit (21) terno
summer (17) verão
sun / sunny (18) sol / ensolarado
Sunday (16) domingo
supermarket (20) supermercado
sure (45) certo
surf (the Internet) (32) navegar (na intenet)
surgery (43) cirurgia
surprised / surprising (5) surpreso / supreendente
sweet (39) doce
swim / swimming (7)(40) nadar / natação
swimming pool (33) piscina
system (38) sistema

table (4) mesa
take (3)(24) levar, tomar, pegar
talk (15) conversar
tall (41) alto
taxi (9) táxi
tea (39) chá
teacher (27)(34) professor
team (7) time
tell (40) dizer
temperature (18) temperatura
tennis (7) tênis
tenth (10) décimo
terrible (37) terrível
terrific (37) incrível
test (34) teste / prova
text (32) texto
theater (29) teatro
then (42) então
there (19) lá
thick (13) grosso
thin (13) fino
thing (45) coisa
think (15)(37) pensar
third (10) terceiro

thirty (10) trinta
this (week, month, etc) (16) este(a) (semana, mês, etc.)
thousand (10) mil
thriller (29) filme de suspense
through (31) através
Thursday (16) quinta-feira
ticket (6) passagem, ingresso
tiger (8) tigre
time (16) tempo (hora)
toast (39) torrada
today (16) hoje
toe (14) dedo do pé
together (19) juntos
tomato (11) tomate
tomorrow (16) amanhã
tonight (16) hoje à noite
too (19)(37) também; demais
tooth (plural = teeth) (14) dente / dentes
toothbrush (36) escova de dentes
toothache (28) dor de dente
tour (30) excursão, passeio
tourist (30) turista
town (9) cidade (pequena)
toy (36) brinquedo
traffic light (9) sinal (de trânsito)
train (24) trem
train station (9) estação de trem
trash (38) lixo
travel (6)(30) viajar
treat / treatment (28) tratar, tratamento
tree (45) árvore
trip (30) viagem
true (38) verdadeiro
try (24)(40) tentar, experimentar
T-shirt (21) camiseta
Tuesday (16) terça-feira
turn (44) virar
TV (set) (4) aparelho de TV
twenty (10) vinte
twenty first (10) vigésimo primeiro
twice (45) duas vezes
type (32) digitar

ugly (13)(37) feio
umbrella (36) guarda-chuva
uncle (2) tio
under (31) embaixo, menos
understand (40) entender
underwear (21) roupa de baixo
United States (25) Estados Unidos
university (34) universidade
until (31) até
up (19)(31) para cima
use (40) usar
usually (19) usualmente, comumente

v

vacancy (33) vaga
vacation (30) férias
vegetable (11) vegetal (verdura ou legume)
very (37) muito
video (29) vídeo
video game (29) vídeo game
violin (35) violino
virus (32) vírus
visit (26)(30) visita, visitar
visitor (26) visitante
voice (45) voz
volleyball (7) vôlei

wait (15) esperar
waiter (12)(27) garçom
wake up (40) acordar
walk (40) andar
wall (4) parede, muro
wallet (21) carteira
want (3) querer
war (45) guerra
wash (44) lavar
watch (3)(21)(29) assistir; relógio

(mineral) water (11) água (mineral)
way (38) modo, maneira, caminho
weak (41) fraco
wear (44) vestir
weather (18) tempo (clima)
web (web page) (32) web (página web)
wedding (35) casamento
Wednesday (16) quarta-feira
week (16) semana
weekend (16) fim-de-semana
weight (22) peso
well (42) bem
white (22) branco
wide (41) largo, amplo
wife (2) esposa
win (44) vencer
wind / windy (18) vento / com vento
window (4) janela
wine (39) vinho
wine list (12) carta de vinho
winter (17) inverno
with (31) com
without (31) sem
woman (2) mulher
wood (36) madeira
wool (36) lã
work (3) trabalhar
worker (26) trabalhador
world (45) mundo
worse (13) pior
write (15) escrever
wrong (13) errado

year (16) ano
yellow (22) amarelo
yesterday (16) ontem
yet (42) ainda (frase negativa)
young (13) jovem

zero (10) zero

GLOSSÁRIO PORTUGUÊS – INGLÊS

Os números entre parênteses referem-se à(s) lição(ões) em que as palavras aparecem.

a respeito de **about** (19)
a trabalho / negócios **business** (6)(23)
abaixo, para baixo **down** (19)(31)
abajur **lamp** (4)
abril **April** (17)
abrir, aberto **open** (13)(15)
academia de ginástica **gym** (7)
ação **action** (29)
aço **steel** (36)
acordar **wake up** (40)
açougue **butcher's** (20)
açúcar **sugar** (39)
adicionar **add** (44)
advogado **lawyer** (27)
aeroporto **airport** (6)
África **Africa** (25)
agora **now** (16)
agosto **August** (17)
água (mineral) **(mineral) water** (11)
Aids **Aids** (43)
ainda (frase negativa)**yet** (42)
ainda (frase positiva)**still** (42)
ajudar, ajuda **help** (32)(40)
Alemanha **Germany** (25)
alemão **German** (25)
alface **lettuce** (11)
algodão **cotton** (36)
alguém **somebody** (38)
alguma coisa **something** (38)
almoço **lunch** (12)
alto (som)**loud** (42) **high** (41)
 tall (41)
aluno **student** (34)
amanhã **tomorrow** (16)
amar **love** (15)
amarelo **yellow** (22)
ambos **both** (45)
América **America** (25)
americano **American** (25)
amigo **friend** (2)
andar (a cavalo, moto, etc) **ride** (44)
andar **walk** (40)
anel **ring** (21)
anexar **attach** (32)
animal **animal** (8)
animal de estimação **pet** (8)
aniversário (de nascimento) **birthday** (35)
aniversário (qualquer aniversário exceto de nascimento)**anniversary** (35)
Ano Novo / Véspera de Ano Novo **New Year´s Day / Eve** (35)
ano **year** (16)
antes **before** (31)
apagar **erase / delete** (32)
aparecer **appear** (44)
aparelho de TV **TV (set)** (4)
aparellho de fax **fax machine** (26)
apartamento **apartment** (4)
apenas **just (= only)** (42)
aprender **learn** (44)
apresentação **presentation** (26)
aqui **here** (19)
ar condicionado **air-conditioning** (33)
aranha **spider** (8)
Argentina **Argentina** (25)
argentino **Argentinean** (25)
arma **gun** (36)
armário **closet** (4)
armazém **grocery store** (20)
arquiteto **architect** (27)
arquivo **file** (32)
arroz **rice** (39)
árvore **tree** (45)
Ásia **Asia** (25)
assinar / assinatura **sign / signature** (1)(9)
assistir; relógio **watch** (3)(21)(29)
ataque cardíaco **heart attack** (43)
até **until** (31)
atendente de loja **shop assistant** (27)
atleta **athlete** (7)
ator **actor** (27)
atrás (no sentido de tempo)**ago** (19)
atrás **behind** (31)
através **through** (31)
aula **class** (34)
Austrália **Australia** (25)
australiano **Australian** (25)
avenida **avenue** (9)
aventura **adventure** (29)
avião **airplane (ou apenas plane)** (6)(24)
avô **grandfather** (2)
avó **grandmother** (2)
azul **blue** (22)

B

bagagem **baggage** (6)
baixar (fazer o download)**download** (32)
baixo **low** (41)(42)
bala, doce **candy** (39)
banana **banana** (11)
banca de jornais **newsstand** (20)
banco **bank** (20)
banheiro **bathroom** (4) **restroom** (6)
bar **bar** (12)
barato **cheap** (5)
barco **boat** (24)
barulhento **noisy** (41)
basquete **basketball** (7)
batata frita **French fries** (11)
batata **potato** (11)
bateria **drum** (35)
bebê **baby** (2)
beber, bebida **drink** (3)(11)(12)
beisebol **baseball** (7)

123

bem **well** (42)

bem; muito, um bocado **quite** (37)(42)

biblioteca **library** (9)

bicicleta **bicycle (bike)** (24)

bife **beef** (11)

bilhão **billion** (10)

biscoito **cookie** (39)

blusa **blouse** (21)

boca **mouth** (14)

bola **ball** (7)

bolo **cake** (39)

bolsa **purse** (21) **bag** (34)

bom **good** (5)(37)

bom, legal **nice** (37)

bombeiro **firefighter** (27)

bonito **pretty** (37) **beautiful** (13)(37)

bota **boot** (21)

braço **arm** (14)

branco **white** (22)

Brasil **Brazil** (25)

brasileiro **Brazilian** (25)

brinquedo **toy** (36)

busca, buscar **search** (32)

C

cabeça **head** (14)

cabelo **hair** (14)

cabeleireiro **hairdresser's / beauty shop** (20)

cabine telefônica **phone booth** (9)

cachorro quente **hot dog** (11)

cachorro, cão **dog** (8)

cadeira **chair** (4)

café **coffee** (11)

café da manhã **breakfast** (12)

caixa (para pagamento) **cashier** (24)

caixa **box** (36)

caixa de banco **bank clerk** (27)

calçada **sidewalk** (9)

calças **(a pair of) pants** (21)

calor **heat** (18)

cama **bed** (4)(33)

camareira **maid** (33)

câmera (câmera digital)

(digital) camera (36)

camisa **shirt** (21)

camiseta **T-shirt** (21)

campo **field** (7)

camundongo **mouse** (8)

Canadá **Canada** (25)

canadense **Canadian** (25)

câncer **cancer** (43)

caneta **pen** (26)

cantar **sing** (40)

cardápio **menu** (12)

carne de porco **pork** (39)

carne **meat** (11)

caro **expensive** (5)(37)

carregador **bell boy** (33)

carregar **carry** (44)

carro **car** (24)

carta de vinho **wine list** (12)

cartão de crédito **credit card** (23)(24)

cartas **cards** (7)

carteira **wallet** (21)

carteiro **postman** (27)

casa de café **coffee shop** (6)(9)

casa **house/home** (4)

casaco **coat** (21)

casado(a) **married** (1)

casamento **wedding** (35)

cavalo **horse** (8)

CD Rom **CD Rom** (32)

cebola **onion** (11)

cedo **early** (41)(42)

celebrar, comemorar **celebrate** (35)

Celsius **Celsius** (18)

cem **hundred** (10)

cenoura **carrot** (39)

centro da cidade **downtown** (9)

cereal **cereal** (39)

certo **sure** (45)

cerveja **beer** (11)

cesto **basket** (36)

chá **tea** (39)

chapéu **hat** (21)

chato **boring** (37)

chave **key** (36)

chefe **boss** (26)

chegar (a/ao) **arrive** (6)(15)

cheio **full** (13)

China **China** (25)

chinês **Chinese** (25)

chocolate (quente) **(hot) chocolate** (39)

chorar **cry** (44)

churrasco **barbecue / barbeque** (12)

chuva / chuvoso **rain / rainy** (18)

cidade (pequena) **town** (9)

cidade **city** (1)

cinema **movie theater** (29)

cinqüenta **fifty** (10)

cinto de segurança **seat belt** (6)

cinza **gray** (22)

cirurgia **surgery** (43)

clássico(a) **classical** (29)

clínica **clinic** (28)

clube **club** (30)

cobra **snake** (8)

coelho **rabbit** (8)

cofre **safety deposit box / in room safe** (33)

coisa **thing** (45)

coleção (selos, cds, etc.) **collection (stamps, cds, comic books, etc.)** (7)

colega de sala **classmate** (34)

colher **spoon** (12)

com **with** (31)

começar, iniciar **start** (15)

comédia **comedy** (29)

comer **eat** (3)(12)

comida **food** (11)

como **as (usual)** (42)

companhia aérea **airline** (6)

competição, concorrência **competition** (45)

completamente, totalmente **all** (19) **completely** (42)

comprar **buy** (3)(24)

comprimido **pill** (28)

compromisso, hora marcada **appointment** (26)

computador **computer** (26)(32)

(estar) confuso / (ser) confuso **confused / confusing** (5)

congelante **freezing** (18)

construir **build** (44)

conta **account** (23) **check**

(12)(23)
contrato **contract** (26)
convenção **convention** (33)
conveniente **convenient** (37)
conversar **talk** (15)
converter em dinheiro (um cheque); in cash, em dinheiro vivo **cash (a check)** (23)(24)
convidar **invite** (40)
cópia; copiar **copy** (32)
copo; vidro **glass** (12)(36)
cor **color** (22)
coração **heart** (43)
corpo **body** (14)
corredor **hall** (4)
correio **post office** (9)(20)
correr / corrida **run / running** (7)(44)
correr devagar / jogging **jog / jogging** (7)
correto **correct** (38)
cortar **cut** (40)
costas; para trás, atrás **back** (14)(42)
couro **leather** (36)
cozinha **kitchen** (4)
cozinhar **cook** (40)
criança / crianças **child (plural = children)** (2) **kid** (2)
crocodilo **crocodile** (8)
curto; baixo **short** (5)(41)
custar **cost** (15)(24)

D

dançar **dance** (40)
dar **give** (15)
de **of** (31)
de vez em quando **sometimes** (19)
debitar, cobrar **charge** (24)
débito **debt** (23)
decidir **decide** (44)
décimo **tenth** (10)
dedo do pé **toe** (14)
dedo **finger** (14)
delegacia (de polícia)**police station** (9)

dente / dentes **tooth (plural = teeth)** (14)
dentista **dentist** (27)
departamento **department** (26)
depois **after** (31)
depósito; depositar **deposit** (23)
descansar **rest** (30)
desconto **discount** (24)
desde **since** (31)
desenho animado **cartoon (animated movie)** (29)
desenvolver **develop** (23)
desfrutar, curtir **enjoy** (30)(40)
devagar, vagarosamente **slow(ly)** (5)(42)
dezembro **December** (17)
dia **day** (16)
difícil **difficult** (5)(37)
digitar **type** (32)
dinheiro **money** (23)
direito, correto, certo **right** (13)
diretor **director** (26)
dirigir **drive** (15)
diversão **fun** (30)(37)
diversos **several** (45)
divorciado(a)**divorced** (1)
dizer **say** (40) **tell** (40)
doce **sweet** (39)
documento **document** (26)(32)
doença **disease** (28)
doente **sick** (28)
doméstico **domestic** (6)
domingo **Sunday** (16)
dor / dolorido **pain / painful** (28)
dor de cabeça **headache** (28)
dor de dente **toothache** (28)
dor de estômago **stomachache** (28)
dor de garganta **sore throat** (28)
dormir **sleep** (40)
drama **drama** (29)
duas vezes **twice** (45)
duro, difícil **hard** (41)
DVD **DVD** (32)

educação **education** (34)
elefante **elephant** (8)
em frente **in front of** (31)
em, no(s), na(s) **at** (31)
em; dentro **in** (19)(31)
e-mail **email** (1)(32)
embaixo, menos **under** (31)
emergência **emergency** (43)
emprego, profissão **job** (1)
empresa **company** (26)
empréstimo, emprestar (dinheiro) **loan** (23)
empurrar **push** (44)
encontrar **find** (15) **meet** (40)
endereço **address** (1)
enfermeiro **nurse** (27)(28)
engenheiro **engineer** (27)
ensino fundamental I **elementary school** (34)
ensino fundamental II e ensino médio **high school** (34)
ensino infantil **kindergarten** (34)
então **then** (42)
entender **understand** (40)
entre **between** (31)
entrevista **interview** (26)(29)
(estar) envergonhado, constrangido / embaraçoso **embarrassed/ embarassing** (5)
enviar **send** (32)
equipamento de som **stereo** (4)
equipamento **hardware** (32)
errado **wrong** (13)
escada **stairs** (4)
escola **school** (9)(34)
escova **brush** (36)
escova de dentes **toothbrush** (36)
escrever **write** (15)
escritório **office** (26)
escuro **dark** (41)
escutar **listen** (3)(29)
Espanha **Spain** (25)
espanhol **Spanish** (25)
especial **special** (35)
espelho **mirror** (36)

125

esperar **wait** (15)
esperto, inteligente **smart** (41)
espirrar **sneeze** (43)
esporte **sport** (7)
esposa **wife** (2)
esquecer **forget** (15)
esquiar / esqui **ski / skiing** (7)
estação de metrô **subway station** (9)
estação de trem **train station** (9)
estação do ano **Season** (17)
estacionamento **parking lot** (33)
estacionar; **park** (9)
estado **state** (1)
Estados Unidos **United States** (25)
estar/ficar em pé **stand** (44)
este(a) (semana, mês, etc.) **this (week, month, etc)** (16)
estômago **stomach** (43)
estrada **road** (30)
estreito **narrow** (41)
estrela **star** (38)
estudar **study** (15)(34)
estúpido **stupid** (41)
Europa **Europe** (25)
evento **event** (35)
exame **exam** (34)
exceto **except** (31)
excursão, passeio **tour** (30)
exemplo **example** (45)

fábrica **factory** (26)
faca **knife** (12)
fácil **easy** (5)(37)
faculdade **college** (34)
Fahrenheit **Fahrenheit** (18)
falar **speak** (15)
família **family** (2)
farmácia **drugstore** (20)(28)
fast food **fast food** (12)
fazenda **farm** (38)
fazer **do** (3)
fazer **make** (15)(23)
febre **fever** (43)

fechado **closed** (13)
fechar a conta **check out** (33)
fechar **close** (15)
feio **ugly** (13)(37)
feliz **happy** (5)
feriado **holiday** (35)
férias **vacation** (30)
ferro **iron** (36)
festa **party** (35)
fevereiro **February** (17)
ficar, estadia **stay** (33)(40)
filé **steak** (39)
filha **daughter** (2)
filho **son** (2)
filme de suspense **thriller** (29)
filme **film / movie** (29)
fim-de-semana **weekend** (16)
fino **thin** (13)
floricultura **flower shop** (20)
fogão **stove** (4)
formato **shape** (22)
forno (de microondas) **(microwave) oven** (4)(36)
forte **strong** (41)
foto **picture / photo** (30)
fraco **weak** (41)
França **France** (25)
francês **French** (25)
frango **chicken** (11)
freqüentemente **often** (42)
fresco **cool** (18)
frio; resfriado **cold** (5)(18)(28)
fruta **fruit** (11)
fumar **smoke** (15)
futebol **soccer (football)** (7)
futuro **future** (16)

garagem **garage** (4)
garçom **waiter** (12)(27)
garfo **fork** (12)
garota **girl** (2)
garoto **boy** (2)
gastar **spend** (23)(44)
gato **cat** (8)
geladeira **refrigerator** (4)
geléia **jam** (39)
gelo **ice** (45)
gerente **manager** (26)

girafa **giraffe** (8)
gordo **fat** (13)
gostar **like** (3)
grande / extra grande **large / x large** (13)(22) **big** (5)(37)
grande, ótimo **great** (45)
grau **degree** (18)
grávida **pregnant** (28)
gripe **flu** (28)
grosso **thick** (13)
grupo **group** (45)
guarda-chuva **umbrella** (36)
guardanapo **napkin** (12)
guerra **war** (45)

H

hambúguer **hamburger** (11)
helicóptero **helicopter** (24)
história **story** (45)
hobby **hobby** (7)
hoje à noite **tonight** (16)
hoje **today** (16)
homem / mulher de negócios **business person** (23)
homem **man** (2)
hora **hour** (16)
horário **schedule** (26)
horror **horror** (29)
hóspede **guest** (33)
hospital **hospital** (9)
hotel **hotel** (9)(33)

idade **age** (1)
idéia **idea** (45)
identificação / identidade **identification** (1)
igreja **church** (9)
importante **important** (37)
imprimir, impressora **print (printer)** (32)
incrível **terrific** (37)
Índia **India** (25)
indiano **Indian** (25)
indústria (setor industrial) **industry** (23)

inflação **inflation** (23)
informação **information** (1)(30)
Inglaterra **England** (25)
Inglês (nac.) **British** (25)
inseto **insect** (8)
instrumento **instrument** (35)
interessante **interesting** (37)
internacional **international** (6)
inverno **winter** (17)
investir / investimento **invest / investment** (23)
ir **go** (3)
irmã **sister** (2)
irmão **brother** (2)

J

já **already** (42)
janeiro **January** (17)
janela **window** (4)
jantar **dinner** (12)
Japão **Japan** (25)
japonês **Japanese** (25)
jaqueta / paletó **jacket** (21)
jardim **garden** (4)
jeans **(a pair of) jeans** (21)
joalheria **jeweller´s** (20)
joelho **knee** (14)
jogador **player** (7)
jogar, brincar, tocar (um instrumento); peça de teatro **play** (3)(29)
jogo **game** (7)
jogo **match** (7)
jornal **newspaper** (36)
jovem **young** (13)
julho **July** (17)
junho **June** (17)
juntos **together** (19)
juro **interest** (23)

K

ketchup **ketchup** (39)

L

lá **there** (19)
lã **wool** (36)
lado **side** (45)
lápis **pencil** (26)
laranja **orange** (11)(22)
largo, amplo **wide** (41)
lavanderia **laundry** (33)
lavar **wash** (44)
leão **lion** (8)
leite **milk** (11)
lembrança **souvenir** (30)
lembrar **remember** (15)
ler **read** (3)(29)
levar, tomar, pegar **take** (3)(24)
leve, claro **light** (41)
libra (peso) **pound** (22)
lição de casa **homework** (34)
ligação, ligar **call** (26) (3
limão **lemon** (11)
limpo **clean** (41)
língua **language** (45)
(em) liqüidação **(on) sale** (24)
livre **free** (13)
livro; reservar **book** (33)(34)
lixo **trash** (38)
logo, em breve **soon** (16)(42)
loja de animais de estimação **pet shop** (20)
loja de departamentos **department store** (20)
loja de materiais esportivos **sports store** (20)
loja de móveis **furniture store** (20)
loja de música **music store** (20)
loja de roupas **clothing store** (20)
loja de sapatos **shoe store** (20)
loja **shop ou store** (24)
longe, distante **far** (5)
longo, comprido **long** (5)
louco **crazy** (5)
lucro **profit** (23)
lugar **place** (38)
luva **glove** (21)

M

maçã **apple** (11)
macaco **monkey** (8)
machucar, doer **hurt** (28)
macio **soft** (41)
madeira **wood** (36)
mãe **mother (mom)** (2)
maio **May** (17)
maioria, a maior parte **most** (38)(42)
mais **more** (19)(37)
mais tarde **later** (42)
mais uma vez, de novo, outra vez **again** (19)
mal **badly** (42)
manhã **morning** (16)
manteiga **butter** (39)
manter, guardar **keep** (44)
mão **hand** (14)
mapa **map** (30)
máquina **machine** (36)
mar **sea** (30)
março **March** (17)
marido **husband** (2)
marrom **brown** (22)
massa **pasta** (39)
material **material** (36)
mecânico **mechanic** (27)
médico **doctor** (27)(28)
medida **measure** (22)
médio **medium** (22)
meia **sock** (21)
melhor (de todos)**best** (38)
melhor **better** (13)
menos **less** (37)
mensagem **message** (26)(32)
mente **mind** (43)
mercado **market** (23)
mês **month** (16)(17)
mesa (escrivaninha)**desk** (26)
mesa **table** (4)
mesmo **same** (45)
metal **metal** (36)
metro **meter** (22)
metrô **subway** (24)
mexicano **Mexican** (25)
México **Mexico** (25)
mil **thousand** (10)
milha **mile** (22)
milhão **million** (10)

127

minuto **minute** (16)
moderno **modern** (41)
modo, maneira, caminho **way** (38)
moeda (de um país)**currency** (23)
moeda **coin** (23)
montanha **mountain** (30)
monumento **monument** (30)
morar, viver **live** (1)
morrer **die** (43)
morto **dead** (43)
mostrar **show** (40)
motocicleta **motorcycle (motorbike)** (24)
motorista de ônibus **bus driver** (27)
mover **move** (44)
mudar, trocar **change** (24)(40)
muito (muitos)**a lot (of)** (38)
 very (37)
mulher **woman** (2)
mundo **world** (45)
músculo **muscle** (43)
museu **museum** (9)(30)
música (em geral)**music** (29)
música, canção **song** (29)

nada **nothing** (38)
nadar / natação **swim / swimming** (7)(40)
namorada **girlfriend** (2)
namorado **boyfriend** (2)
não **no** (19)
nariz **nose** (14)
Natal **Christmas** (35)
navegador (Internet) **browser** (32)
navegar (na intenet)**surf (the Internet)** (32)
navio **ship** (24)
neblina / com neblina **fog / foggy** (18)
neve / com neve **snow / snowy** (18)
ninguém **nobody** (38)
no ou para o exterior/ estrangeiro **abroad** (6)

no ou para o outro lado **across** (31)
noite **night** (16)
noitinha (ao anoitecer)**evening** (16)
nome **name** (1)
nota **grade** (34)
nota, cédula; conta **bill** (23)
noticiário **news** (29)
novela **soap opera** (29)
novembro **November** (17)
novo, moderno **new** (5)
número (de telephone) **(telephone) number** (1)
nunca **never** (19)
nuvem, nublado **cloud / cloudy** (18)

ocasião **occasion** (35)
oceano **ocean** (30)
óculos **(a pair of) glasses** (21)
ocupado **busy** (13)
olhar **look** (3)
olhar sem compromisso **browse** (24)
olho **eye** (14)
ombro **shoulder** (14)
ônibus **bus** (24)
ontem **yesterday** (16)
opinião **opinion** (37)
orelha **ear** (14)
ouro **gold** (36)
outono **fall** (17)
outro **other** (38)
outubro **October** (17)
ouvir **hear** (44)
ovo **egg** (11)

padaria **bakery** (20)
pagar **pay** (24)(40)
página **page** (45)
pai **father (dad)** (2)
pai ou mãe (pais) **parent** (2)

país; campo **country** (1)(3)
pão **bread** (11)
papel **paper** (26)
papelaria **stationary store** (20)
para cima **up** (19)(31)
para **for** (31)
para fora, desligado **off** (31)
para longe, fora **away** (42)
parar **stop** (15)
parecer **seem** (44)
parede, muro **wall** (4)
parente **relative** (2)
parque **park** (30)
parte **part** (45)
passado **past** (16)
(semana, mês, etc.) passado(a)**last (week, month, etc)** (16)
passagem de pedestres **pedestrian crossing** (9)
passagem, ingresso **ticket** (6)
passaporte **passport** (1)(6)
pássaro **bird** (8)
patinar / patinação **skate / skating** (7)
pato **duck** (8)
pé / pés **foot (plural = feet)** (14)(22)
peito **chest** (14)
peixe **fish** (8)(11)
pele **skin** (43)
pensar **think** (15)(37)
pente **comb** (36)
pequeno **little** (13)
pequeno **small** (5)(22)
pêra **pear** (39)
perder **lose** (15)
perfume **perfume** (36)
pergunta **question** (38)
perguntar, pedir **ask** (15)
permitir, deixar **let** (40)
perna **leg** (14)
pesado **heavy** (41)
pescoço **neck** (14)
peso **weight** (22)
pessoa / pessoas **person / people** (2)
piano **piano** (35)
pimenta **pepper** (39)
pior **worse** (13)
piscina **swimming pool** (33)
piso, andar **floor** (4)

128

pizza **pizza** (11)
plano **plan** (26)
planta **plant** (45)
plástico **plastic** (36)
pobre **poor** (5)
poder, força **power** (45)
polegada **inch** (22)
policial **police officer** (27)
ponte **bridge** (9)
ponto de ônibus **bus stop** (9)
pontos turísticos (visitar os pontos turísticos)**sight (go sightseeing)** (30)
popular **pop** (29)
por **by** (31)
por volta de **around (midnight)** (42)
por, colocar **put** (40)
porco **pig** (8)
porta **door** (4)
portão **gate** (6)
Portugal **Portugal** (25)
português **Portuguese** (25)
possuir **own** (44)
posto de gasolina **gas station** (20)
pouco (poucos)**few** (38)
praia **beach** (30)
prata **silver** (36)
prato **plate** (36)
prato principal **main dish** (12)
precisar **need** (3)
preço **price** (24)
prédio de escritórios **office building** (9)
preferir **prefer** (40)
prescrever, receita (do médico)**prescribe / prescription** (28)
presente **present** (16)(35)
presunto **ham** (39)
preto **black** (22)
primavera **spring** (17)
primeiro **first** (10)
primo(a)**cousin** (2)
problema **problem** (38)
produto **product** (38)
produzir **manufacture** (26) **produce** (23)
professor **teacher** (27)(34)
professor universitário **professor** (34)

programa **program** (29)(32)
pronto **ready** (13)
proprietário **owner** (23)
próximo(a) (semana, mês, etc.)**next (week, month, etc)** (16)
próximo, perto **near** (5)
puxar **pull** (44)

quadra **court** (7)
quadrado **square** (22)
quanto (incontável)**how much** (24)
quantos (contáveis)**how many** (24)
quarenta **forty** (10)
quarta-feira **Wednesday** (16)
quarteirão **block** (9)
quartel dos bombeiros **fire station** (9)
quarto (número ordinal) **fourth** (10)
quarto **bedroom** (4) **room** (33)
quase **almost** (19)
quebrado **broken** (28)
quebrar **break** (40)
queijo **cheese** (11)
queimar **burn** (28)
quente **hot** (5)(18)
querer **want** (3)
quilo **kilo** (22)
quilômetro **kilometer** (22)
quinta-feira **Thursday** (16)
quinto **fifth** (10)

rapidamente **quickly** (42)
rápido **fast** (5)
raramente **rarely** (42)
realmente **really** (19)
receber **receive** (15)(32)
receber, obter, ganhar, ficar, contrair, apanhar, conseguir, tomar, comer, compreender, entender, possui **get** (3) r
recentemente **recently** (42)
recepção **reception** (33)
recibo **receipt** (24)
redondo **round** (22)
refeição **meal** (12)
refrigerante **soft drink** (39)
reggae **reggae** (29)
registrar-se, fazer o check-in **check in** (6)(33)
relatório **report** (26)
relaxar **relax** (30)
relógio (de mesa, parede, etc.) **clock** (36)
remédio / medicação **medicine / medication** (28)
reponder, resposta **answer** (15)(38)
reserva **reservation** (12)(33)
restaurante **restaurant** (12)
reunião **meeting** (26)
revista **magazine** (36)
rico **rich** (5)
rock **rock** (29)
romance (livro) **novel** (29)
rosa **pink** (22)
rosto **face** (14)
roupa de baixo **underwear** (21)
rua **street** (9)
ruim, mau **bad** (5)(37)
Rússia **Russia** (25)
russo **Russian** (25)

sábado **Saturday** (16)
saber, conhecer **know** (3)
saguão **lobby** (33)
saia **skirt** (21)
saída, partida **departure** (6)
sair, partir, deixar **leave** (6)(15)
sal **salt** (39)
sala de aula **classroom** (34)
sala de estar **living room** (4)
sala de ginástica **fitness center** (33)
sala de jantar **dining room** (4)
salada **salad** (11)

129

salão de cabeleireiro **hairdresser** (27)
salário **salary** (26)
salsicha **sausage** (39)
salvar **save** (32)
sanduíche **sandwich** (39)
sangue **blood** (43)
sapato **shoe** (21)
saúde **health** (28)
sauna **sauna** (33)
saxofone **sax** (35)
seco **dry** (18)
secretário(a)**secretary** (26)
seda **silk** (36)
seguir **follow** (44)
segunda-feira **Monday** (16)
segundo **second** (10)(16)
sem **without** (31)
semana **week** (16)
sempre **always** (19)
sentar-se **sit (down)** (40)
sentença, frase **sentence** (45)
sentir **feel** (40)
seriado **series** (29)
serviço (de quarto) **(room) service** (33)
sessenta **sixty** (10)
setembro **September** (17)
sexta-feira **Friday** (16)
sexto **sixth** (10)
shopping **mall** (9)
short, calção **shorts** (21)
significar **mean** (44)
silencioso **quiet** (41)
simples **simple** (45)
sinal (de trânsito)trem **train** (24)
sistema **system** (38)
site **(web)site** (32)
sobre **on** (31)
sobremesa **dessert** (12)
sofa **sofa** (4)
software **software** (32)
sol / ensolarado **sun / sunny** (18)
solteiro(a)**single** (1)
som **sound** (45)
somente **only** (19)
sonolento, com sono **sleepy** (5)
sopa **soup** (39)
sorrir **smile** (44)

sorvete **ice cream** (11)
sozinho **alone** (42)
suco **juice** (39)
suficiente **enough** (37)
sujo **dirty** (41)
supermercado **supermarket** (20)
surpreso / supreendente **surprised / surprising** (5)

talvez **maybe** (19)
tamanho **size** (22)(24)
também **also** (45)
também; demais **too** (19)(37)
tão **so** (37)
tarde **afternoon** (16) **late** (41)(42)
táxi **taxi** (9)
teatro **theater** (29)
tecido **cloth fabric** (36)
teclado **keyboard** (32)
telefone celular **cell phone** (26)(36)
temperatura **temperature** (18)
tempestade **storm** (18)
tempo (clima)**weather** (18)
tempo (hora)**time** (16)
tênis (calçado) **sneakers** (21)
tênis **tennis** (7)
tentar, experimentar **try** (24)(40)
ter **have** (3)
terça-feira **Tuesday** (16)
terceiro **third** (10)
terminal rodoviário **bus station** (9)
terminar **end** (44)
terminar, acabar **finish** (15)
terno **suit** (21)
terra **land** (45)
terrível **terrible** (37)
teste / prova **test** (34)
teste curto e rápido **quiz** (34)
texto **text** (32)
tia **aunt** (2)
tigre **tiger** (8)
time **team** (7)
tio **uncle** (2)

tipo **kind** (38)
todo (dia)**every (day)** (19)
todos **everybody** (38)
tomate **tomato** (11)
torrada **toast** (39)
tosse; tossir **cough** (28)
toucinho (bacon)**bacon** (39)
trabalhador **worker** (26)
trabalhar **work** (3)
traffic light (9)
tratar, tratamento **treat / treatment** (28)
trazer **bring** (15)
trinta **thirty** (10)
triste **sad** (5)
troca, trocar **exchange** (23)
tudo **everything** (38)
turista **tourist** (30)

ultimamente **lately** (42)
uma vez **once** (19)
úmido **humid** (18)
universidade **university** (34)
usar **use** (40)
usualmente, comumente **usually** (19)

V

vaca **cow** (8)
vaga **vacancy** (33)
vazio **empty** (13)
vegetal (verdura ou legume) **vegetable** (11)
velejar / iatismo **sail / sailing** (7)
velho, antigo **old** (5)
vencer **win** (44)
vender **sell** (23)(40)
vento / com vento **wind / windy** (18)
ver **see** (15)
verão **summer** (17)
verdadeiro **true** (38)
verde **green** (22)
vermelho **red** (22)

vestido **dress** (21)
vestir **wear** (44)
viagem **trip** (30)
viajar **travel** (6)(30)
vida **life** (38)
vídeo game **video game** (29)
vídeo **video** (29)
vigésimo primeiro **twenty first** (10)
vínculo **link** (32)
vinho **wine** (39)
vinte **twenty** (10)
violão, guitarra (elétrica) **(electric) guitar** (35)
violino **violin** (35)
vir **come** (3)
virar **turn** (44)
vírus **virus** (32)
visita, visitar **visit** (26)(30)
visitante **visitor** (26)
voar **fly** (6)
vôlei **volleyball** (7)
vôo **flight** (6)
voz **voice** (45)

web (página web) **web (web page)** (32)

xadrez **chess** (7)
xícara **cup** (12)

zangado, furioso **angry** (5)
zero **zero** (10)

131

Este livro foi composto nas fontes Swiss e Bremen e impresso em agosto de 2014 pela Yangraf Gráfica e Editora Ltda. sobre papel offset 90g/m².